GOLDMANN
SACHBUCH

W0089772

DAS ALTE LADAKH
Das Buch zum Film

Clemens Kuby
in Zusammenarbeit mit Gabriele Kuby
und Harald Lebherz

Mit Fotos von Gabriele Wengler

GOLDMANN VERLAG

Originalausgabe

Der Goldmann Verlag
ist ein Unternehmen der Verlagsgruppe Bertelsmann

Made in Germany · 6/88 · 1. Auflage
© 1987 Clemens Kuby
Umschlagfoto: Gabriele Wengler, München
Umschlaggestaltung: Design Team München
Satz: Uhl + Massopust, Aalen
Druck: Presse-Druck, Augsburg
Verlagsnummer: 11402
Lektorat: Michael Görden
Herstellung: Ludwig Weidenbeck
ISBN 3-442-11402-0

Inhalt

Vorwort

»Das Buch zum Film« ist eine schöne Ergänzung zu den verhältnismäßig wenigen Bildern, auf die der Film das Erlebte reduziert. Von den rund 1000 Stunden, die ich in Ladakh war, habe ich 10 Stunden gefilmt, von denen in »DAS ALTE LADAKH« 1,5 Stunden übrig blieben. 99,85 % des Erlebten finden im Film keinen Platz; mit dem Buch wird diese Bilanz etwas besser.

Es geht aber weder bei dem Film noch in diesem Buch um das Erzählen von Reiseanekdoten aus 1000 und einer Stunde in Ladakh, sondern darum, welche Erfahrungen in Ladakh, mich auf der Reise zu mir selbst weiter gebracht haben, denn wichtiger als das Reisen war, obwohl ich es weder gesucht noch erwartet hatte, daß ich durch die Arbeit an dem Film ein Verhältnis zum Buddhismus bekommen habe. Da ich erst begonnen habe, mich mit buddhistischer Philosophie zu beschäftigen, überlasse ich das Wort zu diesem Thema dem ersten Buddhisten, dem ich begegnet bin. Es handelt sich um keinen geringeren als um Seine Heiligkeit, den 14. Dalai Lama, Oberhaupt des Tibetischen Buddhismus, der als lebendige Ausstrahlung der Buddha-Natur verehrt wird. Vier Interviews hat der Dalai Lama mir bisher vor der Kamera gegeben. Ihre Zusammenfassung ist hier abgedruckt.

Ich freue mich, daß die Worte des geistigen Oberhauptes der Tibeter auf diesem Weg noch einmal Verbreitung finden, denn er hat die besondere Fähigkeit, der Wahrheit ohne jede Ideologie Ausdruck zu verleihen. Auch in meinem Leben haben sich seine Worte als sehr hilfreich erwiesen.

Um dem Leser in der Weltreligion Buddhismus etwas Orientierung zu geben, schrieb Harald Lebherz eine »kleine Einführung in die Geschichte und Entwicklung des Buddhismus«. Diese religionsgeschichtliche Betrachtung sollte in Verbindung mit den Berichten über Ladakh gesehen werden, denn ohne die Einheit von Buddhismus und Gesellschaft ist das alte Ladakh nicht denkbar.

Diese Berichte hat im Wesentlichen meine Schwester, Gabriele Kuby, nach den Tonbandaufnahmen meiner Erzählungen über das Land und die Entstehung des Filmes niedergeschrieben und zusammengefaßt in ein Kapitel allgemeiner Darstellung der Gesellschaft »Ladakh – eine Übersicht« und das Kapitel meiner persönlichen Erfahrung »Zufälle statt Einfälle«.

In diese persönliche Schilderung habe ich auch Gedanken zum Dokumentarfilm einfließen lassen, weil ich meine, daß er oft mit der Erwartung verbunden wird, Realität zu zeigen. Das ist aber etwas, was das Medium Film prinzipiell nicht leisten kann.

Das Interview mit Wangchuck Fargo, meinem ladakhischen Darsteller und Produktionsmanager, zeigt, daß die Jahre des Einklangs von politischem und religiösem Leben in Ladakh gezählt sind. Wenn aber das Buch und der Film etwas von dieser Einheit in unsere Herzen und Köpfe herüberretten können, hätte sich der Sinn meiner Arbeit und aller derer, die daran mitgewirkt haben, erfüllt.

In einem »Buch zum Film« darf selbstverständlich weder das Filmskript noch – in diesem speziellen Fall – das Exposé fehlen, denn es vermittelt einen aufschlußreichen Einblick hinter die Kulissen des Dokumentarfilmens, der ansonsten unüblich ist.

Abgerundet wird das Buch durch die Fotos von Gabriele Wengler, die als Fotografin die Dreharbeiten begleitet hat. Diese Farbfotos behalten auch in schwarz/weiß ihre Aussagekraft. Wer die Farbe sucht, findet sie im Kino, wo der Film nach wie vor zur großen Überraschung der Branche läuft und so vielleicht unter anderem auch helfen kann, das Stigma des erfolglosen Genres Dokumentarfilm zu überwinden.

Clemens Kuby

Der Indus, die Herzschlagader Ladakhs;
das Land, in dem so gut wie kein Regen fällt.

1. KAPITEL

Das Exposé des Films

Im November 1983 fing ich an, diesen Film konkret zu planen, d. h., die Idee war soweit gediehen, daß ich den technischen und personellen Aufwand kalkulieren konnte. Wie sich herausstellte, lag ich mit den damals veranschlagten 340 000,– DM weit unter den wirklich benötigten Mitteln. In der Endabrechnung hat der Film 490 000,– DM gekostet. Um diese Mittel zu bekommen, beantragte ich bei der Filmförderungsanstalt (FFA) in Berlin eine Projektförderung und überarbeitete dafür noch einmal mein Exposé in der Form, wie es hier abgedruckt ist. Das Exposé, eineinhalb Jahre vor Drehbeginn geschrieben, und das Antwortschreiben der FFA, ermöglichen dem Leser selbst einen Vergleich zum Resultat und lassen ihn ermessen, unter welchen Schwierigkeiten Dokumentarfilme zustande kommen.

Heute, 1985, das Leben von Menschen filmen zu können, die im Einklang mit der Natur leben, ist etwas für uns gänzlich Unvorstellbares – und doch ist es möglich, aber nur noch für sehr kurze Zeit.

Ladakh liegt auf der chinesischen Seite des Himalaja. Das Land hat keine natürliche Verbindung zu Indien, wird aber von dort, bzw. von den Engländern, seit 1834 militärisch verwaltet. Ladakh ist etwa so groß wie Österreich, hat aber nur 100 000 Einwohner. Indien öffnete es dem westlichen Einfluß erst 1975, womit die Zerstörung seiner bis dahin intakten, traditionellen Lebensweise begonnen hat.

Unser Film wird diese moderne Entwicklung nicht zur Kenntnis nehmen, sondern aus den letzten Resten alter Lebensweise ein Bild von Menschen zeichnen, die von völlig anderen Vorstellungen geleitet werden als alle anderen Gesellschaften, die es heute gibt.

Wenn dieser Tage mehr und mehr Menschen zu der Auffassung gelangen, daß unsere Zivilisation nicht überleben wird, weil sie es nicht vermochte, sich im Einklang mit der Natur zu entwickeln, dann wird nach den Ursachen dafür gesucht.

Anstatt eine theoretische, philosophische Antwort zu geben, zeige ich die traditionelle Lebensweise von Ladakhis, weil es ihnen – soweit man zurückblicken kann, gelungen ist, unter großen klimatischen und vegetativen Erschwernissen ohne Sklaverei, Hungersnot, Überbevölkerung und Angriffskrieg zu überleben, – nicht nur zu überleben, man muß es ganz schlicht und ergreifend sagen: glücklich zu sein.

Die traditionellen Ladakhis steuern ihren gesellschaftlichen Prozeß mindestens mit ebenso viel geistiger Anstrengung, wie wir den unseren. Wenn wir uns fragen, was bei uns wohl verkehrt lief, dann wird dieser Film manchen Zuschauer zu dem Schluß kommen lassen, daß die Weichenstellung vielleicht schon in einer prähistorischen Phase geschehen ist, die bei den Ladakhis noch lebendig ist, weil sie sich täglich aufs neue anders entscheiden, als wir seitdem.

Heute finden wir diese Lebensweise nur noch weitab von der Hauptstadt Leh, im militärischen Sperrgebiet, in das noch keine Touristen-Trecks gelangt sind. Jahrelang gepflegte Kontakte gewährleisten uns aber, daß wir dort drehen können.

Obwohl die Ladakhis z. B. das Rad länger kennen als wir, haben sie es für heilig erklärt und nicht zur umwälzenden Mechanisierung eingesetzt. Nur als Gebetsmühle hat es große Verbreitung gefunden.

Trotz strenger Kälte im Winter und Wohnraum-Temperaturen von oft minus 10 °C, verwenden sie kein Holz zum Heizen. Es ist ihnen ein zu wertvoller Rohstoff, sie verwenden Dung. Nur zum Bauen fällen sie Bäume, weil deren Wachstumsperiode der Lebensdauer von Häusern entspricht und somit auch den Künftigen die Bäume und der Rohstoff erhalten bleiben.

Die Ladakhis glauben nicht von sich, die Krönung der Schöpfung zu sein; wie alle Buddhisten respektieren sie jede Form von Leben gleichermaßen. Vielleicht ist das ein Grund, warum sie so friedfertig sind. Trotz Konflikten, die ausgetragen werden, kann sich niemand daran erinnern, daß es jemals einen Mord gegeben hätte. Ein Prinzip ihrer Konfliktbewältigung ist, wann immer sich jemand streitet, mindestens einen oder mehrere Vermittler hinzuzuziehen.

Diese und andere Beispiele ladakhischen Bewußtseins werden durch eine inszenierte Dramaturgie zwischen drei oder vier Hauptpersonen spielerisch/dokumentarisch zum Ausdruck kommen. Alle Mitwirkenden sind Bewohner des ausgesuchten Dorfes von ca. 100 Einwohnern, zu dem unsere ladakhischen Gewährsleute familiäre Beziehungen haben.

Ein wichtiger Faktor zur Erhaltung der sozialen und naturbezogenen Harmonie ist die Beherrschung der Geburtenrate. Sowohl die Polyandrie als auch, unter besonderen Umständen, die Polygamie, sind möglich. Es gibt kein moralisches Dogma für die Beziehungsart der Geschlechter. Oft heiratet eine Frau mehrere Brüder zugleich. Sie hat deshalb nicht mehr Kinder als in der Monogamie. Dem Mann fehlt die Möglichkeit, mit Gewißheit zu sagen, welches Kind von ihm stammt, was dort zwar keine Rolle spielt, wohl aber doch dazu beiträgt, daß die Frau eine bedeutendere Stellung einnimmt als in einem Patriarchat.

Ein weiterer Grund für die stabile Geburtenrate ist, daß mindestens ein Sohn ins Kloster geht und auch Töchter manchmal Nonnen werden. Die Mönche, die vom Schulalter an in dem geistig-körperlichen und meditativen Leben der Klöster aufgewachsen sind und nicht heiraten, genießen das gleiche Ansehen wie diejenigen, die Land und Besitz erben.

Da sich unser Film auf die zwischenmenschlichen Beziehungen konzentriert, wird es auch eine Liebesgeschichte geben, die aber anders aussieht als bei uns im Westen. Die Psyche der Ladakhis ist auf viele Beziehungen ausgerichtet, die alle von

Filmförderungsanstalt Postfach 30 18 08 1000 Berlin 301

FILM BUNDESANSTALT DES
ÖFFENTLICHEN RECHTS
**FÖRDERUNGS
ANSTALT**

Clemens Kuby
Video- und Filmproduktion
Westermühlstr. 27

Budapester Straße 41
1000 Berlin 30
Telefon (030) 261 60 06

8ooo München 5

1 2. JULI 1984

In Sachen

Clemens Kuby Video- und Filmproduktion
Westermühlstr. 27, 8ooo München 5

Antragstellerin

gegen

Filmförderungsanstalt
- Bundesanstalt des öffentlichen Rechts -
Budapester Str. 41, 1ooo Berlin 3o

FFA

PF 68/84

ergeht folgender Ablehnungsbescheid:

Der Antrag auf Zuerkennung von Förderungshilfen (Darlehen der
Projektförderung) für das Projekt PF 68/84,
LADAKH,
wird abgelehnt.

Begründung:

Mit Antrag vom 24. April 1984 ersuchte die Antragstellerin
um Zuerkennung von Förderungshilfen (Darlehen der Projektförderung)
für ihr programmfüllendes deutsches Filmvorhaben
LADAKH, PF 68/84.

Die 3-er-Kommission der Vergabekommission der FFA ist in ihrer
Sitzung am 27. Juni 1984 nach eingehender Diskussion und
Beratung zu dem einstimmigen Ergebnis gelangt, daß das Projekt
gemäß § 32 Abs. 1 Filmförderungsgesetz (FFG) nicht zu fördern ist.
Nach dieser gesetzlichen Bestimmung setzt die Darlehensgewährung
voraus, daß das Projekt aufgrund des Drehbuches sowie der Stab-
und Besetzungsliste bzw. aufgrund der nach § 33 Abs. 3 FFG über-
reichten Unterlagen einen Film erwarten läßt, der geeignet erscheint, die Qualität und die Wirtschaftlichkeit des deutschen
Filmes zu verbessern.

- 2 -

12

PF 68/84

- 2 -

Die Hoffnung des ethnologisch engagierten Autors,
daß der von ihm geplante 16mm-Dokumentarfilm über
eine zur Zeit noch unberührte alte Naturgesellschaft
im chinesischen Himalajagebiet ein Kinoerfolg werde,
vermag die Kommission nicht zu teilen. Das vorgelegte
Treatment, das keine Überraschungen enthält, deutet
eher auf ein Projekt hin, das erfahrungsgemäß im
Fernsehen verwertbar ist, nicht jedoch im gewerb-
lichen Lichtspieltheater.
Deshalb lehnt die Kommission das Projekt einstimmig
ab.

Rechtsmittelbelehrung:

Gegen diesen Bescheid kann Widerspruch erhoben werden. Der
Widerspruch (12-fach) ist innerhalb eines Monats nach Be-
kanntgabe des Bescheids schriftlich oder zur Niederschrift
bei der Filmförderungsanstalt, Budapester Straße 41,
1000 Berlin 30, einzulegen.

Im Falle der Einlegung eines Widerspruches gegen eine ab-
lehnende Entscheidung der 3er-Kommission müssen neben den
in 12-facher Ausfertigung erforderlichen Widerspruchsunter-
lagen weitere 7 Ausfertigungen der Antragsunterlagen ein-
gereicht werden.

FILMFÖRDERUNGSANSTALT
- Rechtsabteilung -

13

hoher Intensität sind. Die enge Beziehung zwischen Mutter (Eltern) und Kind, wie wir sie in unseren Liebesbedürfnissen reproduzieren, kennen die Ladakhis nicht. Die Bindungen umspannen oft vier Generationen. Alte Leute sind genauso wichtig und notwendig wie jede andere Person auch.

Während das soziale Leben nach außen hin von Männern regiert wird, hängt die Entscheidungsfindung auch von den Frauen ab. In der Regel erben die Männer das Land und die Frauen den beweglichen Besitz, schon wenn sie heiraten.

Diese vielschichtigen Beziehungen zwischen den Geschlechtern werden in Szenen deutlich, die als Handlungshintergrund die Befriedigung der Grundbedürfnisse wie Essen, Behausung und Kleider der Dorfbevölkerung zeigen.

Die Essenz der autarken Nahrungskette ist Butter; indem sie viele ihrer danksagenden Buddha- und anderen Statuen aus Butter formen, dokumentieren sie ihren Wohlstand.

Wir werden im Sommer drehen, wenn die Ernte eingebracht wird, Kleider gewebt und Häuser (um-)gebaut werden. Wenn im Storyverlauf unser(e) Hauptdarsteller(in) eine Wanderung zur Hochalm unternimmt, wo die Tiere zum Grasen sind, passieren wir atemberaubend schöne Berglandschaften des westlichen Himalaja. Die kristallklare Fernsicht auf der Höhe von ca. 4000 m, in der »unser« Dorf liegt, wird unserem Film eine Bildkraft verleihen, die von höchster Kinowirksamkeit ist.

Die Farbenfreude und das expressive, gar nicht scheue Gemüt der Ladakhis wird besonders auf der Leinwand seine Wirkung entfalten. Der Film wird das cineastische Bedürfnis nach einer phantastischen Welt trotz oder sogar wegen seiner dokumentarisch gedrehten Bilder erfüllen.

Nebenbei kann er eine wichtige zeitgeschichtliche Funktion erfahren, wenn sich zeigt, daß es die letzte Gelegenheit war, eine solche authentische, traditionelle Lebensform zu finden. Der Einmarsch unserer Zivilisation geht mit rasantem Tempo vor sich. Elektrizität, Radio, Monogamie, Coca Cola, Motoren, Zement, Penicillin, T-Shirts, Turnschuhe, Video, Geld . . . alles das kommt wie eine Sturmflut ins Land, der die alte Identität der Ladakhis nicht standhalten kann.

2. KAPITEL

Das Filmskript

Das ALTE LADAKH
Das Protokoll des Films - Texte und Kommentare

Geshe (bei dem Initiations-Ritus der Zufluchtnahme)
Bekämpfe Deine Ignoranz und halte Dich frei von Egoismus.
Tue nur Tugendhaftes. Entwickle Dein Selbstvertrauen – das ist
der Weg Buddhas.

*Der Geshe schneidet dem kleinen Mönch ein Büschel Haare
ab.*

Kommentar: Mit dieser Initiation wird der kleine Mönch ein
Banday*. Sein Lehrer ist ihm dabei zur Seite.
Der Geshe, ein buddhistischer Professor, nimmt die Initiation
vor und betreut den weiteren Ausbildungsweg des kleinen
Banday, bis er in etwa 15 Jahren Lama wird.

Musik – *Bergpanorama. Schwenk über Gebirgslandschaften*

Kommentar: Ladakh – Berge im Westhimalaja.
Ladakh, ein Land so groß wie Österreich, mit 100 000 Einwohnern, liegt oberhalb von 3600 Metern. Es grenzt an Pakistan,
China und Tibet. Politisch und militärisch gehört es zu dem
indisch-moslemischen Bundesstaat Kaschmir, aber seine Kultur ist seit Menschengedenken tibetisch.

---

* Die mit einem * versehenen Worte sind im Glossar ab S. 215 erklärt.

Der Geshe wurde kraft seiner Autorität im Tal von Spoa
auch die Hauptperson dieses Dokumentarfilmes.

Titel:
DAS ALTE LADAKH
von CLEMENS KUBY

Kommentar:
Es ist Mitte August, sehr heiß und sehr trocken. In dieser Höhe regnet es so gut wie nie; nur, wo aus den Gletscherbächen bewässert wird, wächst etwas, alles andere bleibt Wüste.
Etwa 800 Menschen leben in dieser Flußoase von Spoa, die seit Tausenden von Jahren besteht.

Blick auf das Dorf Spoa[1].

Die Menschen glauben an den tibetischen Buddhismus. Ihr geistliches Oberhaupt ist der Dalai Lama.

Der Geshe *(im Bild)* macht sich auf den Weg ins Dorf. Die Familie Straga hat ihn gebeten, die Erntezeremonie in ihrem Haustempel abzuhalten.

Der Geshe segnet seine Schuhe.

Dieser Segen dient der Erlösung der Lebewesen, die er auf seinem Weg zwangsläufig zertreten wird.

Musik – *In Begleitung des kleinen Mönchs, gewappnet mit einem Schirm, macht sich der Geshe auf den Weg ins Dorf. Das Bild zeigt, wie er duch die Steinwüste Spoas wandert.*

Der Titel »Geshe« bedeutet wörtlich »geistiger Freund« und wird für hohe akademische Leistungen im Studium der Philosophie und Metaphysik verliehen. Der Geshe hat in fünf Fachgebieten Studien absolviert, die mit denen eines Doktors und Professors zu vergleichen wären.
Buddhistische Studien sind aber nicht nur intellektuelle Leistungen, sondern schließen die persönliche Entwicklung zur Weisheit und Erleuchtung psychisch mit ein.

Auf seinem Weg segnet der Geshe Bauern und unterhält sich mit ihnen.

1 Name und Lage des Dorfes sind geändert.

Die Mantras*, die der Geshe rezitiert, sind seine Werkzeuge zur unmittelbaren Verbesserung der Wirklichkeit. Sie sind weit mehr als Gebete oder Ermahnungen, ihre Form und ihr Klang rufen den seit Urzeiten festgelegten Gehalt zur Wirksamkeit auf.
Dieser Bauer *(im Bild)* berichtet dem Geshe, daß seine Kuh wieder gesund ist und frißt.

Der Geshe trifft im Haustempel der Stragas ein und nimmt Glocke und Vajra zur Hand.*

Der Buddhist unterscheidet fundamental zwischen Weisheit und Methode. Weisheit ist symbolisiert durch die Glocke und stellt das weibliche Prinzip dar.
Methode ist symbolisiert durch den Vajra, in der Rechten, den Donnerkeil, und stellt das männliche Prinzip dar. Die Methode ist das uneigennützige Vorgehen und das Mitgefühl für alle Lebewesen, um sie von Leid zu befreien.

Der kleine Mönch schlägt ein Buch auf.

Weisheit ist die Einsicht in die Illusion unseres Daseins durch die Erfahrung der Leere.

Schwenk über Familie Straga.

Die Leere da zu finden, wo wir unser Selbst, unsere Würde und unsere Wichtigkeit zu haben glauben, führt zur Befreiung aus der Frustration des Vergänglichen und eröffnet einem den transzendentalen Sinn des Lebens.

Schwenk über Kultgegenstände.

Von solcher Weisheit und dem selbstlosen Vorgehen gleichermaßen erfüllt zu sein, ist Buddhismus.

Geshe:
Du kannst mit der Ernte beginnen, Straga. Die Götter meinen es gut mit Dir. Opfere das erste Büschel Getreide dem Gott der Barmherzigkeit und Du wirst zufrieden sein.

Musik – *Bauern bei der Ernte.*

Die Familie Straga von rechts nach links: Choron mit ihrer Nichte auf dem Arm, zwei Schwägerinnen, eine Tante und ihr Vater.

Kommentar:
Bei der Ernte arbeitet keine Familie alleine. Verwandte und Bekannte helfen aus. Ohne technische Hilfsmittel wird die Gerste mit der Wurzel gerupft.
Wangchuck aus der Familie Fargo geht es heute nicht nur um selbstlose Nachbarschaftshilfe bei den Stragas, sondern auch um deren Tochter Choron *(Schneller Schwenk von Wangchuck auf Choron)*.
Um sie näher kennenzulernen, müßte er offiziell bei ihrem Vater um ihre Hand anhalten, aber dafür scheint ihm der Zeitpunkt noch nicht gekommen zu sein.

Frau Straga, Chorons Mutter *(Die Großeltern Straga in ihrer Küche)*:
Wir haben fünf Kinder. Drei Söhne und zwei Töchter; Choron ist die jüngste. Die ältere hat in ein anderes Tal geheiratet. Nur

Choron ist noch unverheiratet. Für die Söhne haben wir die Frauen ausgesucht.
Nawang, der Älteste, bekam die Tochter des Nachbarn. Wir kannten sie von Geburt an. Sie hat einen guten Charakter.

Vater Straga:
Es ist wichtig, die richten Schwiegertöchter auszusuchen, denn wir leben mit ihnen unter einem Dach. Die Töchter heiraten meistens woanders hin.

Frage:
Kann demnach Choron selbst auswählen, wen sie heiraten möchte?

Vater Straga:
Seit sie die Schule fertig hat, kann sie selbst bestimmen, was sie tun möchte.

Musik – *Nawang, der älteste Sohn, bei der Feldarbeit. Er schwingt sich einen 60 kg schweren Strohballen auf den Rücken.*

Die Stragas singen *(beim Tragen)*
Es ist nicht schwer; es ist nicht schwer.

Kommentar:
Wie alle Familien, sind jetzt auch die Rigupas *(im Bild)* bei der Ernte.

Das sind die Brüder Sonam und Stobges Rigupa.
Und das ist ihre gemeinsame Ehefrau. In jedem Dorf Ladakhs gibt es noch solche polyandrischen Verhältnisse oder brüderliche Vielmännerei. Nach dem lakadhischen Erbrecht fällt nämlich der ungeteilte Familienbesitz dem ältesten Kind zu, – egal, ob Sohn oder Tochter. Die unversorgten Söhne haben drei Möglichkeiten: entweder sie gehen in eines der zahlreichen Klöster, oder sie finden eine der wenigen Frauen, die selbst geerbt haben. Ansonsten heiraten sie, zusammen mit dem ältesten Bruder, dieselbe Frau, wie in diesem Fall der Rigupas.

Frau Rigupa *(mit zwei kleinen Kindern)*
Vor drei Jahren verlor ich die Zähne.

Das sieht jetzt leider häßlich aus.
Der Arzt ist so weit weg und ein Gebiß mag ich nicht, deshalb laufe ich lieber so herum.

Frage:
Wie lange bist Du verheiratet?

Frau Rigupa:
Meine älteste ist jetzt 12..., also 14 Jahre.
Als ich ins Haus kam, waren da die beiden Brüder, eine Schwester und der Großvater. Bei unserer Hochzeit war Stobges gerade 13 – mehr noch ein Bub als mein Ehemann.

Musik – *Der junge Wangchuck, wie er durch die Gassen des Dorfes streift und seiner geliebten Choron begegnet, die ausweicht)*

Kommentar:
Seit der Ernte ist Wangchuck in Choron verliebt.

Der singende, alte Bauer Punsok am Rand einer Gasse sitzend, durch die eine Ziegenherde getrieben wird.

In diesem Liebeslied wird der Angebeteten von allem, was sie je benötigen könnte, das Beste versprochen: das weicheste Leder, die feinste Wolle, die süßesten Früchte...

Yshe Punsok *(der alte Mann erzählt):*
Als ich noch jung war, da haben wir immer gesoffen und gesungen, das war ein Leben, da war immer was los.
Ich bin 77, ich stehe schon mit einem Bein in der nächsten Welt, deshalb brauche ich auch einen Stock zum Laufen. Nur mit dem gesunden Bein bin ich noch hier.
Ich habe einen Sohn und eine Tochter. Er heißt Hari-Chan und sie heißt Sholang-Lamo.

Frage:
Wie oft warst Du verheiratet?

Punsok:
Einmal, aber meine Frau ist schon gestorben.

Frage:
Bist Du sicher, daß Du sonst keine Kinder hast?

Punsok:
Ehelich habe ich nur zwei. Außerehelich können es im Dorf noch einige sein.

Tashi Tunzum *(die alte Frau schüttet sich aus vor Lachen):*
Wenn das alles seine Kinder sind... dann war er ein guter Bulle...

Frage an Yshe Punsok *(der auch lacht):*
Kennst Du Deine anderen Kinder?

Die Menschen von Spoa begegneten uns offenherzig
und fröhlich ohne Mißtrauen.

Punsok:
Nein, zwei kannte ich, aber auch zu denen habe ich keinen Kontakt mehr. Wieviele es genau sind, kann ich schwer sagen. Ich hatte in meinem Leben vielleicht 18 oder 19 Freundinnen. Das waren Zeiten, aber nun bin ich nicht mehr auf der Jagd.

Tashi Tunzum *(im Bild)*:
Ich bin 66.
Ich habe drei Kinder.
Meine Älteste hat mit 15 geheiratet, genau wie ich – einen Mann, der zu ihr zog.
Aber nun ist ihr ältestes Kind ein Sohn, der erben wird.
Mein älterer Sohn ist in der Armee. Der jüngere wurde Mönch. Er ist mir der liebste von den Dreien. Bei ihm wohne ich.

Kommentar:
Es gibt keine Regeln, wer mit wem eine Familie gründen darf. Das gemeinsame Interesse ist nur, die Bevölkerungszahl konstant zu halten. Mit der Polyandrie und den Klöstergemeinschaften wird dieses Ziel erreicht, wodurch trotz der begrenzten Anbaufläche sogar ein Nahrungsmittel-Überschuß produziert wird.

Frau Rigupa *(im Garten, dann bei der Hausarbeit):*
Mein ältester Ehemann Sonam arbeitet in der Stadt und lebt fast das ganze Jahr dort. Mein jüngerer Mann Stobges macht mit mir allein die Landwirtschaft. Er bewässert sogar die Felder, was eigentlich Frauenarbeit ist.
Als ich zwei Wochen bei Sonam in der Stadt war, hat er auch den Haushalt mit den Kindern allein geschafft.
Sonam, der ältere, hat die Verantwortung für uns alle. Aber eigentlich ist Stobges der Kopf der Familie, denn er sagt uns täglich, was zu tun ist. Wenn wir ihm nicht folgten, würde er weggehen und sich eine andere Arbeit suchen oder eine andere Frau heiraten, was heutzutage viele junge Brüder machen. Aber ich bin mir sicher, daß er sein ganzes Leben bei mir bleiben möchte. Wir haben ja auch gemeinsame Kinder. Für

die Kinder ist es egal, ob ich zwei oder vier Ehemänner habe, es sind immer ihre Papas. Auch wenn Sonam nach Hause kommt, hat er nicht mehr Rechte als sein Bruder. Wenn er mehr Rechte hätte, würde der jüngere nicht hier bleiben. Wenn die ganze Familie zusammen ist, fühle ich mich am wohlsten.

Die ganze Familie Rigupa beim Essen im Freien.

Ob meine Tochter auch mal mehrere Ehemänner haben wird, weiß ich nicht, aber es hängt auch davon ab, wieviel Land einer mitbringt. Da nach dem neuen Recht die jüngeren Brüder nun ein Teilerbe kriegen können, wenn sie darauf bestehen, und sie in der Armee und in der Stadt so viele neue Möglichkeiten haben, ohne Land zu existieren, glaube ich, wird die Polyandrie aussterben.

Frage:
Wird dann die Bevölkerungszahl nicht steigen?

Frau Rigupa:
Das tut sie jetzt schon, weil immer weniger Frauen Nonnen werden.

Frage:
Wird es dann noch für jeden Arbeit und genug zu Essen geben?

Frau Rigupa:
Es gibt in der Stadt viele neue Arbeitsmöglichkeiten. Die Männer verdienen Geld und können sich das Essen kaufen.

Musik – *Wangchuck bei der Familie Straga.*

Kommentar:
Wangchuck hat sich bei Stragas eine Einladung zum Tee verschafft; aber das nützt ihm nichts. Die Familie wird auf seine Absicht nicht eingehen, solange er nicht ernst macht.
Und auch Choron kann sich auf nichts einlassen. Seine schmachtenden Blicke müssen sie unberührt lassen.

Frau Straga *(mit dem Finger markiert sie ihr Baby stirnabwärts bis zur Nasenspitze mit Ruß):*

Jetzt siehst Du aus wie eine häßliche Elster. Das wird auch Dämonen abschrecken.

Kommentar:
Solange die Seele eines Babys nicht stark genug ist, sich selbst zu verteidigen, beschmiert man es mit Ruß gegen unliebsame Annäherungsversuche.

Frau Straga *(inmitten ihrer Kinder):*
Ich bin 48 Jahre.
Manchmal fühle ich, daß ich die Hälfte meines Lebens schon hinter mir habe und die Kinder noch alles vor sich.
Es ist nur gut, daß ich auch schon größere Kinder habe. Das bringt etwas Erleichterung. Ohne große Kinder müßten wir auf unsere alten Tage noch hart arbeiten, das wäre schlimm. Gerade jetzt gibt es soviel zu tun mit den Wintervorbereitungen: Getreide ernten, Mist fürs Heizen sammeln, Getreide rösten und mahlen. Es ist sehr viel.
Dennoch – früh zu sterben, wäre sehr hart.
Wenn man stirbt, ist die Trennung von den Kindern am schlimmsten.
Ich konnte bisher nicht alle notwendigen religiösen Übungen machen, weil ich zuviel Arbeit habe. Das kann mir meine Wiedergeburt verschlechtern.

Geshe *(im Bild):*
Tägliches Beten und Meditieren trägt zu einer günstigen Wiedergeburt bei. Die guten Dinge, die Du jetzt erlebst, bekommst Du für Deine Verdienste im vorhergehenden Leben. Jetzt erwirbst Du Dir die Verdienste für Dein nächstes Leben.

Musik – *Geshe macht sich mit dem kleinen Banday von seinem Kloster aus auf den Weg.*

Kommentar:
Heute will der Geshe in seine Klause oben am Berg. Der Banday will ihn begleiten.

Geshe *(am Bach)*:
Du bleibst hier. Du bist noch zu klein. Gib mir das Buch *(der Geshe segnet den Banday mit dem Buch)*.
Hab' volles Vertrauen in Deinen Lehrer. Laß' Dich von vielen verschiedenen unterrichten. Lerne mehr, als ich es getan habe. Das ist mein Segen für Dich.

Es folgt der Schwenk, der den steilen Pfad in der Felswand zur Klause hinauf zeigt. – Musik.

Kommentar:
(Der Geshe oben am Berg)
Der Geshe, der hier im Tal geboren wurde, ging als Banday mit 14 Jahren nach Lhasa, der Hauptstadt Tibets. Damals war Tibet noch frei und das Zentrum des Lamaismus. Er lebte und studierte am Potala, dem damaligen Regierungssitz des Dalai Lama.
Vor 16 Jahren, im Alter von 48, kam er hierher zurück und lebt seither hier oben.

Der Geshe hat seine Klause erreicht; er geht hinein. Nachtaufnahme von der Klause.

Er braucht die Abgeschiedenheit, um in seinen Meditationsübungen völlig ungestört zu sein. Im Winter, der in Ladakh von Oktober bis Mai dauert und Temperaturen bis minus 40 Grad erreicht, lebt er ausschließlich hier auf dem Berg. Seine Arme sind auch dann unbedeckt.
Hier führte er vor acht Jahren die Losum-Chosum-Meditation durch, die drei Jahre, drei Monate und drei Tage dauert. Während dieser Zeit hatte niemand mit ihm gesprochen noch ihn von nahem gesehen.

Musik

Um das eigene Ego zu zertrümmern, ist diese harte Askese notwendig, weil das Bewußtsein sich mit den Bedürfnissen des Körpers zu identifizieren sucht.
Hinter den Bedürfnissen des Körpers aber steht das Ego. Es hält das Bewußtsein in der Fixierung auf ein abgekapseltes

Der kleine Banday darf dem Geshe nicht in die Klause
oben am Berg folgen.

Selbst gefangen. Die Askese erlaubt es dem Bewußtsein, sich
von den materiellen Fesseln und damit von dem Ego zu
befreien, ähnlich wie im Tode.

*Der Geshe holt Wasser. Er trägt eine spitze hohe Mütze und eine
stark zerrissene Robe, von der seine Heil suchenden Besucher
sich jeweils ein Stückchen herausreißen und es heilig halten.*

Diese Quelle hier oben am Berg erscheint wie ein Geschenk
Gottes. Die wenigen Tropfen, die sie spendet, genügen ihm
und sorgen dafür, daß an diesem Steilhang ein paar Sträucher
wachsen, die genügend Brennmaterial hergeben, um den tägli-
chen Getreidebrei, genannt Tsampa, zuzubereiten.

Es ist eine Sitte der Lamas, den hungrigen Geistern einen kleinen Teil ihres Essens abzugeben, dem sie etwas Holunderpulver beimischen und die Gabe verbrennen, so daß der Weihrauch die Geister anlockt und froh stimmt.

Der Geshe sitzt in seiner Klause und fängt an, mit den Fingern zu essen.

Der Geshe ißt nur einmal am Tag.
Tsampa ist seine tägliche Grundnahrung, die er heute zur Abwechslung in eine Chili-Sauce tunkt.
Im Winter ißt er getrocknete Aprikosen dazu.

Yshe Punsok *(im Bild):*
Der Geshe mußte wie der Dalai Lama aus Tibet fliehen.
Sogar seine Teetasse mußte er zurücklassen. Für den Weg von 2000 Kilometern hatte er nur etwas Tsampa bei sich. Als er das letzte Tsampa mit Wasser in einem Stein mischte, fiel er in Schlaf. Er rechnete fest mit seinem Tod, da ihm die Kraft fehlte, weiterzulaufen. Aber am nächsten Morgen entdeckte er, daß er bereits die Grenze nach Ladakh überschritten hatte. Die ersten Menschen, die er traf, gaben ihm zu essen und zu trinken. Auf diese Weise kam er wieder zurück in seine Heimat. Gelobt sei die Vorsehung, die ihn uns erhalten hat.

Blick durch das Fenster der Klause auf das Dorf.

Geshe *(im Bild):*
Ich bin für das ganze Dorf, die Tiere, die Pflanzen und die Menschen verantwortlich. Ich bete für alle Lebewesen um Frieden und Gesundheit. Ich bete für genügend Wasser und gute Ernten.
Da ich für diese Dinge schon viele Jahre bitte, haben wir damit keine Probleme.
Die Leute respektieren mich und wollen, daß ich für immer hier bleibe. Sie bringen mir Tsampa und andere Nahrung, ohne daß ich danach frage. Ich akzeptiere das, weil sie es aus ihrem Glauben heraus tun. Ich nehme für mich, soviel ich brauche, den Rest verkaufe ich, um mit dem Erlös andere Klöster zu

unterstützen und Stupas* zu bauen. Ich führte ein rein religiöses Leben, esse kein Fleisch, keine Zwiebeln und keinen Knoblauch. Ich gehe den Weg Buddhas.

Punsok *(im Bild)*:
Er sagt, es würde ihm nicht schwer fallen, Magie zu betreiben, aber als religiöser Mensch tut er es nicht.
Er könnte von seiner Klause hinüber zum Kloster fliegen, aber es wäre ein sündhafter Mißbrauch seiner Fähigkeiten.

Schwenk von der Klause über das Dorf bis zum Kloster. Musik

Kommentar: Bevor der Geshe kam, hatte man vergeblich versucht, das Kloster zu bauen. Dämonen ließen die Mauern immer wieder einstürzen und die Leute, die daran gearbeitet hatten, wurden krank.

Geshe:
Von der Klause aus sah ich immer wieder zum Klosterplatz hinüber, und eines Tages spürte ich die Energie, das Kloster zu bauen.

Geshe *(im Kloster sitzend)*:
Ich schlief an diesem Platz und hörte sehr merkwürdige Geräusche. Ich dachte mir, das sind die Dämonen, aber ich bekam keine Angst. Der Dalai Lama hat mich auch schon gefragt, ob ich sie gesehen habe, aber sie haben sich mir nie gezeigt, und ich konnte das Kloster ohne Probleme bauen. Seitdem gibt es hier keine Dämonen mehr. Im Sommer lebe ich nun hier und im Winter oben in der Klause.

Musik – *An Hauswänden sieht man Schnurgeflechte und Köpfe von Steinböcken hängen, danach kommen Gebetsfahnen ins Bild.*

Kommentar: Mit solchen Geisterfallen an den Hauswänden schützen die Ladakhi sich vor Dämonen. Der Steinbock spielt dabei eine wichtige Rolle. Seine beschützende Kraft wurde schon in vorbuddhistischen Zeiten benützt. Sein Kopf hängt auch in Innenräumen, um den Familienfrieden zu wahren.

Auch die Gebetsfahnen, die überall im Land wehen, sollen dem Frieden dienen. Der Wind erfaßt ihren Geist und verbreitet ihn übers Land.

Die Familie Rigupa auf dem Dach ihres Hauses.

Sonam:
Ich komme nur 4 bis 6 Wochen im Jahr nach Hause.
Wir beide haben mit unserer Frau fünf Kinder gemeinsam.
Drei sind von mir, zwei von ihm.
Du kannst auch etwas dazu sagen! *(zu seinem Bruder Stobges)*

Stobges:
Ja, Du kommst nach Hause, wenn Du Urlaub hast, aber ich bin immer hier und mache die Arbeit alleine, das ist manchmal etwas hart. Ich bin natürlich froh, daß Du uns Reis, Kleider und Kerosin schickst. Ich schicke Dir dafür Tsampa, Milch und Sachen aus dem Dorf. Du verdienst Geld und ich arbeite, auf diese Weise sorgen wir gemeinsam für unsere Familie.

Sonam *(zur Frau)*:
Sag Du auch etwas. (Aus Verlegenheit sagt sie aber nichts.)

Stobges:
Sag doch, daß Du fünf Kinder hast und für sie nähst und kochst.

Kommentar:
(Schuhe vor einer Kammer):
Wenn die Schuhe des einen vor der Kammer der Frau stehen, darf der andere nicht stören.

Frage *(an Stobges, im Bild die beiden Männer)*:
Wenn Sonam Urlaub macht, hat er dann bei eurer Frau ein Vorrecht?

Sonam antwortet für Stobges:
Nein, dann hat keiner von uns seinen Schlafplatz bei ihr.

Frage *(an Sonam)*:
Beneidest du Stobges, daß er das ganze Jahr mit ihr zusammen sein kann?

Frau Rigupa lebt in brüderlicher Vielmännerei, im alten Ladakh
eine ganz normale Eheform.

Sonam:
Nein, ich bin froh, daß er da ist. So brauche ich mir um sie keine Sorgen zu machen.

Auftritt des Orakels von Spoa. Ein Mann (das Orakel) tritt mit Glocke vor den Altar, ihm werden Kataks (weiße Glücksschleifen) umgelegt.

Kommentar:
Dieser Mann ist das Orakel von Spoa. Der Geshe hat ihn soeben in Trance versetzt. Seine Seele soll nun von einem großen nordtibetischen Lama besetzt sein, der vor 150 Jahren gelebt hat. Ohne daß dieser Bauer jenen tibetischen Dialekt je gelernt hätte, kann er ihn in Trance sprechen. Die Stragas, der junge Rigupa und andere sind gekommen, um ihm Fragen zu stellen.

Nawang Straga:
Warum leidet meine Mutter schon seit zwei Jahren?

Orakel:
Weil in ihrer Nachbarschaft Häuser gebaut wurden, ohne Lamas oder Astrologen zu konsultieren.

(Die Szene wird unterbrochen mit einem Statement von) Geshe:
Als die Mönche aus Tibet flohen, sind auch die Seelen der Verstorbenen geflohen. Einer dieser Seelen verleiht dieses Orakel Ausdruck. Was es sagt, ist die Wahrheit.

Orakel:
Seit der Geshe das Kloster gebaut hat, geht es Euch gut. Ihr könnt ihm dankbar sein.

Geshe *(nun in der Szene mit dem Orakel, unterbricht ihn)*:
Sprich langsam. Schritt für Schritt. Was denkst Du über die Leute, die den Film machen?

Orakel:
Ich meine, daß sie nicht an unsere Religion glauben. Aber wenn sie uns Respekt entgegen bringen, ist das Ergebnis gut.

Die Ausländer wollen unsere Religion immer nur prüfen, ohne sie zu verstehen. Sie verlachen uns. Sie kommen als Touristen ohne jeden Glauben, ohne jedes Vertrauen. Sie sind gegen uns.

Geshe:
Gebt ihm noch etwas schwarzen Tee, dann beantwortet er noch einige Fragen.

Orakel:
Ihr müßt befolgen, was der Dalai Lama sagt. Ihr könnt dankbar sein, daß ihr ihn habt *(Orakel trinkt Tee)*.

Stobges Rigupa:
Warum habe ich mit meinem Bruder immer soviel Streit?

Orakel:
Du Bastard! Du fängst den Streit immer an mit Deiner Herrschsucht und Ungeduld.

Kommentar:
Das Orakel kehrt aus der Trance zurück *(liegt auf dem Boden und juchzt)*.
Das Orakel lauscht seiner Stimme vom Tonbandgerät des Filmteams. Zum ersten Mal in seinem Leben hört er sich in Trance sprechen.

Stobges Rigupa *(der auch zugehört hat)*:
Es stimmt nicht, was er zu mir gesagt hat.

Ein Bauer *aus dem Off:*
Da wird schon was dran sein.

Frage des Interviewers an das Orakel:
Warum hast Du ihn Bastard genannt?

Orakel:
Ich weiß von gar nichts.
Wenn ich in Trance bin, weiß ich nichts. Ich fühle mich nicht. Nachher bin ich 2 bis 3 Tage sehr müde, das ist alles.

Die Rigupas haben einen Teil Ihres Feldes abgezirkelt und geflutet, nun schieben sie den Schlamm solange herum, bis er mit dem Wasserspiegel übereinstimmt.

Kommentar:
Damit kein Quadratmeter Anbaufläche ungenutzt bleibt, wird der Dreschplatz jährlich neu angelegt.

Wenn es bei den Rigupas nicht so harmonisch läuft, dann hat der Großvater die Aufgabe, zu schlichten und zu vermitteln. Schlichten und vermitteln genießt in Ladakh hohes Prestige und unzweifelhaften Respekt.
Das mag ein Grund für den auffallend liebevollen Umgang der Menschen miteinander und das Fehlen jeder Kriminalität sein. Von einem Mord hat in Spoa noch nie jemand gehört.

Wie die Ägypter das Fundament für ihre Pyramiden
waagrecht machten, so ebnen auch die Ladakhi ihren Dreschplatz
jedes Jahr von neuem.

Musik – Yaks und Kühe werden im Kreis durch das ausgebreitete Getreide auf dem trockenen Dreschplatz getrieben. Frau Rigupa und ihr Schwiegervater werfen das gedroschene Stroh hoch, um die Gerste vom Spreu zu trennen.

Wegen der großen Trockenheit ist nach drei Tagen der Dreschplatz fest und glatt. Die Tiere treten die Körner aus den Hülsen und zerkleinern das Stroh.

Der Wind trägt die Spreu zur Seite und das Korn fällt auf den Boden.

Im Sommer hat man neben Tsampa viel frisches Gemüse und Obst. Man ißt kein Fleisch. Erst im Winter, wenn körperliche Widerstandskraft gegen die große Kälte erforderlich ist und Fleisch frisch gehalten werden kann, werden Tiere geschlachtet, die dann auch nicht weiter durchzufüttern sind.

Bauern bei der Aprikosen-Ernte.

Die Aprikosen werden für den Winter getrocknet.
Zusammen mit dem Gerstenbrei bilden sie die vollständige Palette einer gesunden Ernährung.

Wangchuck trifft in den Gassen des Dorfes unverhofft auf Choron, die sich wieder abwendet. Wangchuck macht sich auf den Weg zum Geshe.

Wangchuck ist nun entschlossen, Geshe um Hilfe zu bitten. Wie viele Ladakhis weiß er von einem Mantra-Text mit dem Namen Mokading, der die psychische Technik vermitteln soll, Frauen zu verführen, ohne daß diesen die Manipulation bewußt wird.

Wangchuck beim Geshe.

Geshe:
Warum kommst Du?

Wangchuck:
Ich möchte Dich um etwas bitten.

Geshe:
Was ist es?

Wangchuck:
Es ist etwas sehr Dringendes.

Geshe:
Wenn es etwas Anständiges ist, kann ich es Dir geben.

Wangchuck:
Es ist ein Buch . . . ein Mantra.

Geshe:
Was für ein Buch?

Wangchuck:
Es soll mir helfen . . .

Geshe:
Bist Du krank?

Wangchuck:
Nein, mir geht es gut. Bitte . . .

Geshe:
Ich befrage mal lieber die Mala, dann wissen wir, wie es Dir geht.

Wangchuck:
Ich brauche das Mokading-Buch.

Geshe:
Das kann ich Dir nicht geben. Das wäre ein schwerer Fehler.

Wangchuck:
Ich würde niemandem etwas davon sagen.

Geshe:
Trotzdem wäre es ein Fehler, und ich würde im Rad der Wiedergeburt gefangen werden.
Ich will Dir gerne die Lehren Buddhas geben.

Wangchuck:
Bitte, leih' mir das Buch nur für einen Tag. Bitte!

Geshe: Es ist in jedem Fall ein Frevel. Mit mir kommt so etwas nicht in Frage. Laß' mich damit in Frieden.

(Bei Fernsehprogrammen, in denen der Film in 2 Folgen gezeigt wird, findet die Teilung hier in 2 × 45 Minuten statt.)

Musik – *Blick aufs Dorf; Feldarbeit; Dreschen mit Ochsen.*

Kommentar: Die Ladakhi haben für die Ernte nur wenig Zeit, denn Anfang Oktober kommt schon der Frost. Dafür wächst in dieser Höhe von über dreieinhalb Tausend Metern alles, was die Menschen bewässern, sehr viel schneller als in tieferen Lagen. Da diesem Bewässerungssystem natürliche Grenzen gesetzt sind, haben die Menschen nur genug zu essen, wenn die Bevölkerungszahl konstant bleibt. Mit der brüderlichen Vielmännerei und den Klostergemeinschaften haben sie das seit Urzeiten verstanden zu steuern.

Damit dieses gesellschaftliche System funktioniert, bedarf es eines ausgereiften Moralkodexes, der die Menschen in allen ihren Handlungen motiviert. Die Quelle für diese Moral ist der Buddhismus. Ohne diese Religion hätte die ladakhische Lebensweise nicht über Jahrtausende Bestand gehabt.

Geshe segnet die Bauern und das Getreide.

Die ständige Präsenz des Geshe hat dafür eine wichtige Funktion. Mit seinem Vorbild gibt er ihnen den Antrieb täglich die drei Gifte Besitzstreben, Unwissenheit und Haß zu bekämpfen.

Musik

Die Verehrung, die ihm zuteil wird, gilt seiner religiösen Autorität, oder haften ihm auch noch magisch-mystische Fähigkeiten an?

Frage an Vater Straga:
Kann der Geshe Regen machen?

Straga:
Ja, das kann er. Er macht es aber nur, wenn Not es erfordert. Er

benutzt seine Fähigkeiten niemals für schwarze Magie. Er heilt Kranke durch seinen Segen und mit Mantras. Er läßt Straßen zu entlegenen Klöstern bauen, sorgt für deren Instandhaltung und baut Stupas im ganzen Land.

Musik – *Geshe beim Aufstieg zu seiner Bergklause; Blick auf das Dorf; Bilder und Menschen aus dem Dorf.*

Eine Frau, *haarewaschend:*
Der Geshe ist gut, wie ein Amchi, ein Naturarzt.
Er heilt kranke Menschen.

Der Bürgermeister *(im Bild):*
Er ist der Kopf des Dorfes. Er betet für uns und gibt uns religiösen Geist. Es ist sehr schwer, jemanden wie ihn zu finden.

Mann mit Yak:
Er ist nett, sehr nett.

Musik – *Der Geshe auf dem steilen Weg zu seiner Bergklause hinauf.*

Mann an der Mauer:
Der Geshe ist wie ein Kind. Manchmal ist er sehr aufbrausend, aber wer ihn freundlich um etwas bittet, bekommt es sofort. Er ist für unser Dorf sehr wichtig.

Frau mit Korb:
Wir glauben an ihn und vertrauen ihm. Wir wollen, daß er für immer hier bleibt.

Musik – *Der Geshe am Berg.*

Mann mit langen Haaren:
Er hat magische Kräfte, aber er benutzt sie nicht, weil er das Leben eines frommen Einsiedlers führt. Sein Wissen über Religion ist sehr groß, und außerdem ist er geschickt.
Er kann Gold machen. Richtiges Gold.

Musik – *Der Geshe am Berg.*

Frau mit Ohrring:
Er kann die Wolken bewegen.

Frage:
Ist es wahr, daß er auch Gold machen kann?

Frau mit Ohrring:
Ja, das ist wahr.

Frau mit Mütze:
Ihr müßt zu ihm gehen und ihn selber fragen. Er sagt Euch
schon, wie er das Gold macht. Ich weiß, daß er schon viel
gemacht hat. Wenn wir ihn fragen, würde er auch für uns was
machen.

Musik – *Geshe kommt oben an seiner Bergklause an; grandioses
Bergpanorama, Nacht über dem Tal von Spoa.*

Kommentar:
Der Geshe steht in der Dunkelheit auf und betet, bis die Sonne
aufgegangen ist.

*Der Geshe umkreist Mantras rezitierend viele Male den kleinen
Stupa bei seiner Klause, bis die Sonne aufgegangen ist. Schnitt:
Tashi Tunzum auf einem Yak den Berg hochreitend, geführt von
ihrem kleinen Enkel.*

Wer den Geshe besuchen will als Freund, Patient, oder weil er
sonst einen Rat braucht, tut es, wenn es anders nicht geht, auf
einem Yak.

*Geshe bei der Goldherstellung in seiner Klause. Aus einem
Säckchen gibt er etwas Sand auf einen Teller, füllt ihn auf mit
Wasser und schwenkt ihn kreisförmig hin und her. Hilft mit den
Fingern nach, den Sand im Wasser sich lösen zu lassen, und gießt
dann etwas auf einen zweiten Teller ab. Das wiederholt sich dann
mit dem zweiten Teller, bis etwas übrig ist, das er draußen an der
Sonne trocknen läßt. Schließlich reibt er es aus dem Teller heraus
auf ein weißes Blatt Papier, das er mit in die Klause nimmt und
dort mit anderen Goldprodukten vergleicht.*

Geshe:
Das ist jetzt leider nicht so gut geworden. Wenn es gut wird,
sieht es so aus. Ich habe es diesmal zu schnell gemacht.

(Er zeigt auf einen kleinen Haufen goldglänzender Partikel)

Tashi Tunzum *(die alte Frau):*
Ich weiß nicht, wie er es macht.
Wer sind wir schon, um sagen zu können, was da vorgeht *(lacht).*
Macht er es mit Mantras oder Gebeten? Kennt er eine gute Technik oder hat er einfach Glück?

Musik – *Wangchuck läuft durch die engen Gassen des Dorfes.*

Kommentar:
Wangchuck will einen Lama aufsuchen, der sich mit der Magie des Mokading auskennen soll. Wegen sündhafter Praktiken wurde er aus dem Kloster ausgeschlossen. Nun arbeitet er als Arzt und Astrologe. Nur selten trifft man ihn zu Hause an.

Wangchuck im Haus des Meisters.

Meister:
Als erstes brauchen wir ihre Geburtsstunde. Dann einen Ring oder einen anderen persönlichen Ggenstand von ihr.

Wangchuck:
Gut. Wird sie dann auch kommen?

Meister: Möglich ist es.

Wangchuck:
Wird sie mich mögen?
Was muß ich noch tun?

Meister:
Spanne eine Schnur über Dein Dach mit Fahnen in fünf Farben. Suche im Fluß neun weiße und neun schwarze Steine. Lerne Mantras, die ich Dir aufgebe und sprich' sie zu einem Torma, in dem ihr Name steckt.

Wangchuck beginnt, aus Teig einen phallusartigen Torma zu formen, bemalt dessen Spitze mit roter Farbe und steckt zum Schluß den Zettel mit dem Namen von Choron am unteren Ende hinein.

Meister: Mit dem, was wir jetzt über sie wissen, können wir ihren Charakter bestimmen und herausfinden, welches Mantra auf sie wirkt.

Der Meister schlägt das Mokading-Buch auf, in dem er auf verschiedene astrologische Tabellen deutet, dann gibt er Wangchuck ein kleines Päckchen.

Hier hast Du eine Tantrik, kleine Fäden, die Du von nun an immer bei Dir tragen mußt.

Wangchuck geht in seine Kammer und lernt die entsprechenden Mantras.

Meister: Jetzt können wir mit der Probe beginnen. Wenn ihr Ring an Deinen Finger springt, können wir hoffen.

In einem Gefäß mit Wasser schwimmt ein kleiner Becher, in dem aus Teig die Miniatur-Nachbildung eines Hasen liegt. Der Meister läßt den Ring Chorons ins Wasser fallen.

Unser Hase zeigt die Richtung an, von der Du Dich mit Deiner rechten Hand dem Ring nähern sollst *(Wangchuck taucht seine Hand ins Wasser und als er sie wieder herauszieht steckt an seinem kleinen Finger Chorons Ring).*
Es kann nun drei Tage dauern, bis sie kommt.

Schnitt auf zeternde Elstern. Choron läuft durch das Dorf; Wangchuck betet mit einer Gebetskette; Choron klopft an seiner Tür und Wangchuck öffnet ihr. Sie schaut ihn vielsagend an.

Interview mit dem Mokading-Meister, der sich ein paar Turnschuhe anzieht.

Meister: Was ich hier getan habe, war nicht gut, aber ich wollte ihm helfen, und es hat ja auch geklappt.
Aber das Wissen ist geheim und bleibt geheim. Es gibt bei uns einige solche Methoden und viele starke Mantras, die aber nur selten benützt werden, weil sie gefährliche Kräfte entfesseln können.

Auch Tantriks können sehr stark wirken.

Frage:
Wie bist Du an dieses Wissen gekommen?
Es heißt doch, wer sich dieses Wissen verschafft, geht dafür 500 Jahre in die Hölle?

Meister:
Meine Familie beherrscht das Mokading schon seit sechs Generationen. Mir wurde es von meinem Onkel weitergegeben.
Wenn ich es nicht hin und wieder praktizieren würde, ginge das Wissen verloren, denn ich bin der Einzige, der es noch kann.

Musik – Wangchuck wandert auf der Straße am Indus zu seinem Elternhaus. Dabei passiert ihn vor seinem Elternhaus ein indischer Militär-Konvoi.

Wangchuck (trifft seinen Vater, der vor seinem Haus sitzt, um Vorbeifahrenden Äpfel und Aprikosen zu verkaufen):
Halloo!

Wangchucks Vater, Fargo: Grüß Dich, mein Sohn.

Wangchuck:
Wie gehen die Geschäfte?

Vater:
Die Aprikosen und Äpfel bringen nicht mehr viel. Nimm einen! Die sind wirklich gut. *(Wangchuck nimmt einen Apfel und teilt diesen mit ihm).*
Die Soldaten tauschen immer weniger, die zahlen jetzt lieber in bar. *(Weitere Militärlaster fahren an ihnen vorbei.)*

Wangchuck:
Früher hast Du doch einen Kanister Benzin für drei Pakete Aprikosen bekommen?

Vater:
Jetzt mischen die sogar Wasser ins Benzin.
Vor zwanzig Jahren, als ich noch in der Armee war, da hatten die Inder nur 50 Soldaten hier. Jetzt sind es 20 000. Die

verkaufen ihren Überschuß so billig, da kann ich kein Geschäft mehr machen.

Wangchuck:
Wie geht es Dir sonst?

Vater:
Ach, es ist schon mal besser gegangen. Ich werd' alt.

Wangchuck:
Ist meine Schwester da?

Vater:
Geh' rein, sie hält gerade ihre Morgenandacht.

(Die mit ineinander verschränkten Fingern zu einer Opfergeste gefalteten Hände der Schwester von Wangchuck.)
Sie tritt aus dem Haustempel, stellt Weihrauch auf, stößt die Gebetstrommeln an. Wangchuck kommt dazu; sie serviert Tee, putzt den Herd, melkt eine Kuh.

Kommentar:
Wangchucks Schwester ist eine Nonne. Sie lebt meistens zu Hause. Die Klosterregel erlaubt es ihr, bei ihren Eltern zu wohnen und zu arbeiten, wenn sie verspricht, alle 353 Gebote einzuhalten, die Gebetszeiten und die Opferhandlungen gewissenhaft durchzuführen und in Demut und Bescheidenheit alle Arbeiten zu verrichten, die dem Wohl ihrer Mitmenschen, den Tieren und den Pflanzen dienen. Es darf keinerlei Eigennutz geben.

Interview mit Wangchucks Schwester, die im Eingang des Hauses sitzt.

Nonne:
Das ist mein Zuhause. Ich habe vier Geschwister. Wangchuck ist der Älteste. Von klein auf habe ich mich sehr stark für alles Religiöse interessiert und bewunderte die Nonnen. Ich habe deshalb nie ans Heiraten gedacht. Mit 14 wurde ich Nonne. Mit 21 nahm mir der Abt vom Kloster Rizong das Getsul*-Gelübde ab – auf meinen eigenen Wunsch und den meiner Eltern.

Wangchucks Schwester, die Nonne:
»Ich möchte auf einer höheren Stufe, als Mann,
wiedergeboren werden«

Im Winter vollziehe ich im Kloster die Chaspo-Meditation. Dabei wird 16 Tage gefastet und 8 Tage geschwiegen. Im Sommer machen wir das Chaspo nur eine Woche, weil wir soviel zu arbeiten haben. Diese Übung soll verhindern, daß ich als Tier wiedergeboren werde. Ich möchte auf einer höheren Stufe, als Mann, wiedergeboren werden.

Frage:
Glaubst Du, man kann das beeinflussen?

Nonne:
Wir lernen von den weisen Lamas sehr viel darüber. Die zeigen uns, welche Übungen man machen soll.

Frage:
Hast Du schon einmal bereut, daß Du Nonne geworden bist?

Nonne:
Bisher noch nie. Weil ich dadurch meine Wiedergeburt verbessere und für meine Eltern bis zu deren Tod sorgen kann. Das kann ich nur als Nonne.

Kommentar:
Ihre Familie, die Fargos. *(Alle stehen zusammen im Hof).*

Wangchuck beichtet seiner Schwester.

Wangchuck:
Ich muß mit Dir sprechen. Ich habe etwas Schlimmes gemacht. Eine Magie, die nicht gut ist. Kannst Du mir helfen?

Nonne:
Warum machst Du so etwas? Du beschämst die ganze Familie!

Wangchuck:
Ich will es wieder gut machen.

Nonne:
Du mußt zu Hause bleiben und Deine Pflicht als Ältester erfüllen.

Wangchuck:
Ich komme doch immer wieder, auch wenn ich weggehe. *(Pause)*
Ich sehe ein, es war ein Fehler, wegzugehen.
Ich werde jetzt hierbleiben.

Nonne:
In Zukunft mußt Du mich fragen, wenn Du weggehen willst.

Wangchuck:
Kannst Du für mich beten, diese Schuld abzutragen?

Nonne:
Ich will im Kloster um Hilfe bitten.

Musik – *Die Nonne auf dem Weg zum Kloster Rizang.*

Mit dem Blick nach oben durch eine Stupa, an deren Decke ein Mandala kurz zu sehen ist, dann der Schwenk auf Rizong.

Kommentar: Sie fragt ihren Abt im Kloster Rizong.

Nonne:
Ich möchte Sie bitten, einige Lamas zu mir nach Hause zu schicken.
Es soll eine Reinigungszeremonie werden, weil meine Familie verunreinigt wurde, durch die Anwendung von Magie.

Abt:
Ich werde die Mönche zu Dir schicken. Du kannst mit ihnen darüber sprechen.

Musik – *Bus voller Passagiere.*

Kommentar:
In dem Bus sitzt Vater Straga aus Spoa. Er macht einen Ausflug zum Fest nach Tiktse. Unten im Industal steigt Fargo dazu.

Bus innen, beide alten Männer begrüßen sich. Blick aus dem Bus auf den Zusammenfluß des schon mächtigen Zanskar in den noch nicht viel größeren Indus.

Die beiden Alten laufen durch ein Tal mit weißem Sand.

Fargo:
Ich fühle mich noch ganz gut.

Straga:
Wirf mal diesen Stein, wie weit schaffst Du den?

Fargo:
Früher, da war das was ganz anderes, da konnte ich noch solche Brocken bewegen. Weißt Du, ich bin 78, da ist nicht mehr viel los. *(Sie messen sich im Steine werfen.)*

Straga:
Ich müßte eigentlich stärker sein, weil ich sechs Jahre jünger bin.

Fargo:
Du hast früher viel Fleisch gegessen, stimmt's? Deshalb bist Du so kräftig.

Straga:
Ach was. Als ich jung war, waren wir sehr arm, und ich mußte schon als Kind hart arbeiten und bin oft hungrig schlafen gegangen.

Vollmondaufgang.

Die beiden Alten am Indus, sie waschen sich das Gesicht.

Fargo:
Das Wasser ist gut. Probier' mal, das schmeckt.
Weißt Du, wo das Wasser herkommt?

Straga:
Vom Berg »Löwenmaul«.

Fargo:
Es kommt vom Gott der Gletscher. Es ist eine wunderbare Gabe, es brachte unserem Land eine starke Religion des Friedens und viele Helden.

Straga:
Ja, wer die Bücher Buddhas studiert hat, weiß sehr viel.

Fargo:
Oh ja, der kann darin sogar lernen, wie Flugzeuge und Motoren gebaut werden, denn die Religion lehrt einen auch eine Menge technische Dinge. Das haben wir alles dem Gott der Gletscher zu verdanken.

Straga:
Ohne den Indus könnten wir nicht leben, durch ihn kommt alle Kraft.

Fargo:
Laß' uns weitergehen. Wir haben noch ein gutes Stück vor uns.

Die beiden Alten wandern durch eine Landschaft mit vielen Stupas.

Kommentar:
Straga hat das Erbe schon lange abgegeben. Fargo bestimmt

Die beiden Pilger Fargo und Straga haben ihr Ziel,
das Kloster Tiktse, fast erreicht.

noch selbst auf seinem Hof, weil Wangchuck die Erbschaft
noch nicht angetreten hat. Das kann sich nur ändern, wenn
Wangchuck heiratet.

Dafür käme doch Stragas Tochter Choron in Frage? – träumen
die beiden vor sich hin, während sie zwischen den ältesten
Stupas Ladakhs wandern, bis endlich das Kloster Tiktse vor
ihnen auftaucht.

Kommentar:
Die beiden Alten gehen auf Tiktse zu.

Die Rangdung-Hörner verkünden den Beginn des Festes.

Die Pilger haben ihr Ziel erreicht. Kein Gläubiger tritt ein, ohne die Gebetsmühlen anzustoßen, in deren Innern auf zusammengerollten Stoffbahnen Hunderte von Gebeten stehen. Mit jeder Umdrehung gelten sie als gesprochen und sollen ihr Gutes bewirken.

Das Fest ist ihnen nicht Ausdruck des Frohsinns, sondern Unterweisung in die Metaphysik. Die Anwesenheit alleine bedeutet schon eine Segnung.

Ein großes Kloster mit 1000 Mönchen, wie Tiktse, hat die Aufgabe, das Mysterium seines Glaubens mit über 100 Gottheiten und etlichen Dämonen so darzustellen, daß jeder tibetische Buddhist es verstehen kann, wenn er sich darum bemüht.

Die Thanka ist das Sinnbild einer Schutzgottheit, deren Präsentation die Anwesenheit des Gottes selbst bedeutet. Wenn die Seidenjalousien entfernt sind, beginnen die Darbietungen *(furchterregende, bunt gekleidete Maskenträger schwenken bei ihren Tänzen Schwerter; die beiden Alten und viele andere Pilger beobachten die Darbietungen).*

Jedes Detail in den Masken, der Kleidung und den mitgeführten Gegenständen gehört zur Ausdrucksweise und Bedeutung des verkörperten Geistes. Es ist eine exakte, minutiös festgelegte Zeichensprache, die der Gläubige versteht.

Diese Gottheiten schon zu Lebzeiten ins Bewußtsein aufzunehmen, hilft, den Frieden der Seele zu erlangen.

Da der Mensch spätestens im Tod mit diesen Kräften konfrontiert wird, soll er sich im Buddhismus so früh wie möglich um ihre Bedeutung und Wirkung bemühen.

Eine Totenfeier. Klagende Frauen.

Hier ist wirklich jemand gestorben. Ein kleiner Bauer aus Spoa. Die Angehörigen tragen seine Leiche zu der Kiste, in der er zur Verbrennung gebracht wird.

Die Kinder sollen zusehen, damit ihnen das Bewußtsein vom Rad des Lebens vermittelt wird. Dabei soll trotz des Schmerzes, den jeder Mensch beim Verlust eines Angehörigen ver-

Maskentanz ist Nachhilfeunterricht in Metaphysik.

spürt, der Tod nicht verdrängt werden, denn das Ursprüngliche Wesen des Menschen und sein Ziel ist Geist, sagt Buddha. Der materialisierte, körperliche Aufenthalt auf der Erde soll vom Menschen dazu genutzt werden, sich diesen Geist bewußt zu machen und die Einheit mit ihm zu suchen. Damit verliert das Ego an Macht und der Tod seinen Schrecken.

Kloster Tiktse, der Schwarzhuttänzer tritt auf, in bunte Gewänder gehüllt.

Um diese Lehre zu verteidigen, tritt der Schwarzhuttänzer auf. Er flößt den Alten großen Respekt ein. Der Tänzer kann nur von einem Lama dargestellt werden, der sich selbst mit dem Geist in Übereinstimmung gebracht hat.

Totenfeier, die Leiche wird verbrannt und das Feuer mit Opfergaben der Mönche genährt.

Verschiedene Opfergaben werden von den Mönchen geweiht, um das Feuer zu nähren, denn die Verbrennung des Körpers ist die Erlösung der Seele. Lamas von Mitgefühl und Weisheit können dem Geist des Verstorbenen mit bestimmten Mantras Führung bieten auf dem Weg zur nächsten Wiedergeburt.

Wer sich noch zu Lebzeiten darum bemüht hat, sich von den Illusionen und Begierden des Egos zu befreien, wird es dann in diesem Moment leichter haben, sich mit seiner Seele von der Materie zu lösen.
Da für die Alten dieser Moment nicht mehr allzu fern ist, haben sie ein besonderes Interesse daran, nach Tiktse zu gehen.

Orakelauftritt im Kloster Tiktse.

Zusätzlich gab es noch einen Grund für diese Reise: dieses Orakel zu befragen. Es ist sehr berühmt und tritt nur hier, einmal im Jahr, auf. Es tanzt wie ein Wirbelwind durch die Flure und Treppenhäuser des Klosters.
Der Höhepunkt ist gekommen, wenn das Orakel oben auf dem Dach angelangt ist. Ohne einen Hauch von Unsicherheit tanzt es auf der Balustrade herum *(und trinkt Chang* dabei aus*

In seiner schlafwandlerischen Sicherheit dokumentiert das Orakel,
daß es von einem höheren Geist beherrscht wird,
der auch aus ihm heraus sprechen kann.

einer Flasche). In seiner schlafwandlerischen Sicherheit dokumentiert es, daß es von einem höheren Geist beherrscht wird,
der auch aus ihm heraus sprechen kann.

Interview mit dem Orakel.

Das Orakel ist schon 14mal bei dem klösterlichen Fest aufgetre-
ten. Es wird einen Monat lang durch Meditation und eine
strenge Diät in der Obhut der Lamas auf seinen Auftritt
vorbereitet. Sowohl er, als auch das Orakel in Spoa sind
einfache, sehr weiche, bescheidene Menschen, die ihre Orakel-

Fähigkeit fraglos, mit achselzuckender Selbstverständlichkeit, hinnehmen.

Es heißt, daß eine frühere Königin Ladakhs von ihm Besitz ergreift, wenn er in Trance fällt. Aber auch er kann nur feststellen, daß er danach sehr müde ist.

Musik – Morgenlicht auf dem Himalaja. Straga und Fargo waschen sich am Bach. Sie stehen auf einer Terrasse und sprechen ihre Morgengebete.

Das Festival ist vorbei. Es ist Anfang Oktober. Schon verabschiedet sich der kurze Herbst. Der Frost hat heute Nacht Einzug gehalten. Die Alten haben die Nacht noch unter freiem Himmel verbracht.

Die Unterweisungen haben ihnen zu denken gegeben. Vielleicht sind sie ein Stück weiser geworden. Acht Monate strenger Winter stehen vor der Tür. Eine lange Zeit, um in sich zu gehen und die Einheit mit der Natur und das Geistliche zu erfahren.

Schwenk von den Alten über das Kloster, die Flußlandschaft, auf das Bergpanorama im Morgenlicht.

Abspann:

Musik geht weiter.

Regie/Text:
Clemens Kuby

Kamera:
Thomas Mauch
Judith Kaufmann

Ton:
Alexis Ward

Schnitt:
Agape Dorstewitz

Sprecher:
Ricarda Benndorf
Rudolf J. Bartsch
Werner Semper
Gisela Kleiner

Musik:
Christian Bühner
Dirk Vanoucek

Regieassistent:
Spalbar T. Goba

Aufnahmeleitung:
Wangchuk T. Fargo

Übersetzung:
Sonam Dorjay

Indian Consultancy:
Mandakini Singh-Witt

Standfotos:
Gabriele Wengler

Besonderen Dank an:
Studiomobil H. Schier
Indian Tourist Department
Salewa, Varta, Leitz
Kodak, Geyer

Coproduziert haben:
Bayerischer Rundfunk, Silvia Koller
Westdeutscher Rundfunk, Gerhard Honal
Südwestfunk Baden-Baden, Karl Schüttler
Deutsche Lufthansa AG

Produktion:
Kuby Film TV
Copyright 1986

3. KAPITEL

Zufälle statt Einfälle

*Clemens Kuby erzählt von
der Entstehung seines Filmes*

Tiefer gehende Ideen oder Entscheidungen haben bei mir immer mit Krankheit zu tun. Es war 1982. Ich hatte mir das Rückgrat gebrochen und war acht Monate im Krankenhaus. Die ersten drei Monate durfte ich mich nicht bewegen. Ich wollte mich neu orientieren und las Indianerliteratur; insbesonfere das Hopi-Buch hat mich ungeheuer fasziniert. Da kam mir die Idee: Den nächsten Film machst du über ein anderes Bewußtsein.

Wenn in Frage steht, ob du je wieder wirst gehen können, verändert sich das, was wichtig ist. Du brauchst ein Ziel für das du gesund werden willst. Ich hatte viel Zeit und schaute mir meine eigene Geschichte an, Engagement in der Studentenbewegung, Aufbau der Grünen . . . Du siehst, daß das Bewußtsein nie aus seinem Kreis, aus seiner Gefangenschaft herausgekommen ist. Egal, wo du hinschaust, von Ost bis West, selbst in der Dritten Welt, alles ist am abendländischen Bewußtsein orientiert, und es scheint überhaupt keine Alternative mehr zu geben.

Eines Tages bewegte sich mein großer Zeh wieder, und schließlich kam ich ohne Rollstuhl und Krücken aus dem Krankenhaus heraus. Ich fing an, den Indianerfilm vorzubereiten, merkte aber bald, daß es ein Film über Elend werden würde, daß diese phantastische Kultur praktisch kaputt ist und man sie optisch nicht mehr einfangen kann.

Noch im Krankenhaus hatte ich mit meinem Freund Fritz

über dieses Projekt gesprochen. Fritz war viermal in Ladakh gewesen, und irgendwann sagte er: »Aber genau das, was Du erzählst, ist auch in Ladakh.« »Na wunderbar, dann machen wir den Film doch in Ladakh.« Ich wäre überall hingefahren, wo ein ursprüngliches Bewußtsein noch an der Tagesordnung ist. Was Fritz erzählte, ließ vermuten, daß die Menschen in Ladakh im Einklang mit der Natur leben.

Ladakh war erst vor zehn Jahren für Fremde geöffnet worden. Das gibt es sonst nicht mehr – ein Land, das erst vor so kurzer Zeit der Zivilisation preisgegeben worden ist. Egal ob Afrika oder sonst wo, überall ist der Tourismus schon durchgelatscht. Ich muß nur dafür sorgen, möglichst weit von der Hauptstadt wegzukommen in Gebiete, wo keine Straßen hinführen und es keinen Strom gibt.

Leichter gesagt, als getan. Ich unterhielt mich mit Ethnologen, die sagten: »Wie bitte? Ich studiere seit acht Jahren Tibetologie, und Du warst noch nicht einmal dort und willst einen Film machen? Das kann nur schief gehen!« Zugegeben, mein Ansatz ist auch nicht wissenschaftlich. Ist er politisch? Von mir aus gesehen ja, aber das kommt nicht zum Ausdruck, denn dann müßte ich die Zerstörung des alten Ladakh zeigen, und das will ich mit diesem Film bewußt nicht tun. Wieder wäre unser Bewußtsein die Richtschnur meiner filmischen Reflektionen, und ich drehte mich im Kreise des abendländischen Weltbildes. Aber mache ich mich nicht schuldig an der Zerstörung des anderen, mit der Natur und dem Geist verbundenen Bewußtseins? Sicher tue ich das und heute, nachdem der Film ein Erfolg geworden ist, umso mehr. Trotzdem habe ich eine Legitimation für diesen Film, ohne die ich ihn wohl nicht hätte machen können:

Bedenkt man welche uferlose Korruption eine Armee von 20 000–30 000 Soldaten und ihre zivilen Angestellten in ein Land bringen mit nur 100 000 Einwohnern; oder die Gesetze, die die indische Regierung für Ladakh erläßt, wie das paritätische Erbrecht und die Monogamie, durch die die Autarkie und gesunde Existenzsicherung der Ladakhis vernichtet wird; oder die 18 000 Touristen, die noch vor meinem Film letzten Sommer in Ladakh eingefallen waren. Wenn die Ausgaben eines Touristen mit denen eines Ladakhis verglichen werden, dann sieht das so aus, als käme uns jemand besuchen, der täglich 300 000 DM verpraßt. Alles dies geschieht ohne mein Zutun, und ich habe deshalb für Ladakh nicht viel Hoffnung, daß es dem Elend der Dritten-Welt-Länder entgehen wird. Ich habe deshalb den Entschluß gefaßt, dieser Zivilisationsdampfwalze ein Jahr voraus zu eilen, um ein Menschsein auf Film zu konservieren, von dem man bei uns sagt, es würde nicht existieren, – glückliche Menschen, das gäbe es nicht. Aber bevor es soweit kommen konnte, mußte ich erst einmal das Geld auftreiben. Niemand wollte das Risiko eingehen. Es ist bekanntlich einfacher, für einen Spielfilm Millionen zusammen zu kriegen, als ein paar 100 000 DM für einen Dokumentarfilm, denn beim Spielfilm hält der Produzent oder Redakteur ein Drehbuch in der Hand, mit dem festgelegt ist, was er später auf der Leinwand zu sehen bekommt; damit hält er sein unternehmerisches Risiko in sehr viel deutlicheren Grenzen als beim Dokumentarfilm, auch wenn die absoluten Summen, die er beim Spielfilm in den Sand setzt – und das ja nicht gerade selten – wesentlich höher sind.

Ich hatte nur das Exposé, mehr läßt sich bei einem solchen dokumentarischen Unternehmen auch nicht sagen, und trotzdem bin ich heute überrascht, wie stark es mit dem fertigen Film übereinstimmt.

Mit diesen vier Seiten beantragte ich 1983 bei der Filmförderungsanstalt (FFA) Geld und bekam einen Ablehnungsbrief zurück: Mit so was könne man überhaupt nicht im Kino landen (siehe S. 12).

Also ging ich zum Fernsehen und hatte Glück bei Silvia Koller vom Bayerischen Rundfunk. Sie war spontan bereit 60 000 DM in das Projekt zu stecken. Um dieses Geld zu bekommen, mußte ich aber wenigstens nocheinmal die gleiche Summe bei anderen Fernsehsendern auftreiben. Bis das endlich klappte, habe ich eineinhalb Jahre lang jede Woche die zuständigen Redakteure beim Westdeutschen Rundfunk und beim Südwestfunk angeschrieben oder angerufen.

Damit waren aber erst 30 Prozent der Herstellungskosten gedeckt. Schließlich konnte ich die Lufthansa als Sponsor gewinnen. Das war ein Glücksfall, denn es stellte sich heraus, daß wir für 30 000 DM Tickets brauchten und für 15 000 DM Übergepäck hatten. Das wäre eine Katastrophe für meinen Etat gewesen. Dafür mußte ich der Lufthansa natürlich etwas liefern: Filmspots über Ladakh für ihre Langstreckenflüge. Ich versuchte, das Risiko für die fehlenden 70 Prozent möglichst zu verteilen. 15 Prozent wurden von den deutschen Teammitgliedern getragen. Die Hälfte ihrer Gagen sind gewinnabhängig.

Ganz wichtig war die Frage des Kameramanns. Ich würde in einem Gebiet arbeiten, in dem es keinen Strom gab, nur Staub, ohne Möglichkeit, während der Drehzeit Muster zu ziehen. Ich mußte also das gesamte Material belichten und konnte erst hinterher sehen, was drauf ist. Da brauchte ich jemanden, der mir unter Garantie richtige, korrekte Bilder zurückbringt. Mit meinen früheren Kamerafreunden traute ich mich so etwas nicht, die waren nicht professionell genug. Als Thomas Mauch, der als einer der besten deutschen Kameramänner gilt, anbot, in das Projekt einzusteigen, habe ich zugesagt. Fritz, der sich ja dort oben auskennt, sollte Produktionsleiter sein, Zelte, Fahrzeuge, Tiere und Essen besorgen.

Die nächste Hürde war die Drehgenehmigung. Ladakh ist zu großen Teilen militärisches Sperrgebiet, und man braucht eine offizielle Genehmigung. Andere Filmemacher sind zwar einfach so eingereist und haben dann dort keine Schwierigkeiten gehabt, aber mit unserem vielen Gepäck war das nicht möglich. 14 Alukisten, das ist kein Touristengepäck mehr, und mit dieser Kamera kannst du nicht sagen, du drehst einen Hobbyfilm. Also brauchte ich die Genehmigung, von der es hieß, sie würde zwei Jahre dauern. Was tun? Ich gehe auf eine Party und da sitzt just neben mir eine Inderin, Mandakini Singh-Witt, genannt Muni, die mir erzählt, daß sie für Spielberg in Indien eine Drehgenehmigung organisiert hat. »Weißt Du, wie ich eine für Ladakh bekommen kann? Wir fangen in einem Monat an zu drehen.« »Das ist wahnsinnig schwer!« Ich sage: »Kannst Du nicht sofort nach Indien fliegen und es versuchen?« Sie flog.

Ich habe fast jeden zweiten Tag mit Delhi telefoniert, und das Team war ab August für 2 Monate engagiert. Da waren Mauch und andere, die hatten ihre Termine, die mußte ich so oder so bezahlen. Der erste August kam, und es gab keine Genehmigung. Also machen wir's doch illegal. Dann wollen wir nur eine Drehgenehmigung fürs Taj Mahal, und wenn wir in Indien sind, verselbständigen wir uns.

Aber dann waren die Flüge nach Ladakh ein Problem. Die sind ein halbes Jahr vorher ausgebucht. Ohne Drehgenehmigung keine Unterstützung des Tourist Department und ohne Tourist Department keine Plätze bei Indian Airlines. Die Muni ist nun jeden Abend in Delhi mit jemand anderem Essen gegangen. Der ganze Spaß hat 10000 DM gekostet, dann hatten wir die Genehmigung. Diese 10000 Mark bekam ich dann vom Tourist Department als Unterstützung zurück.

Abflug 14 Tage später als geplant. Das Gepäck wird in München für Delhi deklariert. In Frankfurt haben wir mitten in der Nacht zwei Stunden Aufenthalt und da heißt es kurz vor Abflug, jetzt gibt es noch einen Security Check. Wir müssen alle auf das Rollfeld unter den Jumbo, damit jeder sein Gepäck identifizieren kann. Es sind nur ein paar Privatstücke von den Teammitgliedern da. Sie kriegen ihr Kreuz und verschwinden im Bauch der Maschine. Ich sage, wo sind denn unsere Kisten? Hier sind unsere Gepäckaufkleber, 14 Stück.« Walkie-Talkie, dies und das, äh... ja..., es ist nichts da. Alles kannst du kalkulieren, aber das nicht! In 10 Minuten muß der Jumbo abheben. Ich sage: »Ohne Ausrüstung fliege ich nicht!« Wir haben in Delhi bis zu unserem Anschlußflug nach Ladakh nur einen halben Tag Aufenthalt. Was soll ich ohne Kamera da oben...? Es ist eine dunkle, kalte, regnerische Nacht für diesen 00.00 Uhr Start am 18. August 1985. Der Flug geht über Moskau non-stop Delhi, 6.30 Uhr Ankunft. Ich fange an zu pokern. Lufthansa versichert, daß das Gepäck nach Frankfurt kam; dann ist die Boden-Transportfirma verantwortlich. Die findet es nicht. Ich habe Zeit.

Nach 30 Minuten über der Abflugzeit wird es eng für mich.

»Steigen Sie ein oder bleiben Sie hier, wir starten jetzt. Unsere Starterlaubnis läuft in 3 Minuten aus, dann lassen uns die Lotsen nicht mehr in den russischen Luftkorridor. Entscheiden Sie sich! Jetzt!« »Ich bleibe.« Das Team schaut mich an. Ich glaube, erst jetzt wird diesem Bodenpiloten klar, was das bedeutet. Mein Herz juchzt heimlich vor Freude, denn das heißt, unser Privatgepäck muß schon aus Sicherheitsgründen wieder ausgeladen werden. 800 Gepäckstücke haben die jetzt vor sich, das bringt Zeit, in der läßt sich vielleicht doch noch unsere Ausrüstung finden.

Aber nachdem wir auf die 45te Minute zugehen und »die letzten beiden Stücke von uns in Sicht sind, denke ich, »mache ich denen einen Gefallen und schwenke um«, denn inzwischen glaube auch ich nicht mehr, daß unsere Kisten noch gefunden werden. »Wir fliegen!« sage ich. Unser Privatgepäck wird wieder eingeladen. Das Team schaut mich fragend an. »Jetzt ist es ein Versicherungsfall, wir setzen uns in Delhi ins Hotel und warten«, sagte ich. Es dauert nochmal ein paar Minuten, bis alle Gepäckkontainer wieder im Jumbo sind. Ich gebe den Jumbo-Reifen, die größer als ich, wie Bulldozer sind, einen Klaps und denke: »Auf gehts – fliegen. Danke, daß ihr so nett stillgestanden habt.« Und gehe als letzter die Riesentreppe zum Einstieg hoch. 0.48 Uhr, hinter mir schließt sich die Tür. Ich falle in den dicken Sitz der Business-Klasse und denke: »Das ist doch wahnsinnig, drei Jahre hast Du dich auf diesen Film vorbereitet, und jetzt fliegen wir ohne Kamera los.« Nach Sekunden der Tiefe geht plötzlich die Türe wieder auf, und ein Wind zieht durch den vollbesetzten Jumbo. »Herr Kuby, Herr Kuby, kommen Sie bitte.« Ich die Riesentreppe wieder runter und hoch auf einem Förderband in den Laderaum, wie Joggen im Hochhaus; fragt mich dort der Lademeister auf Voll-Hessisch: »Ei, ist das Ihre Kiste?« »Ja, das ist die Kamera.« »Und die? Und die?« »Ja, das ist alles unser Zeug.« Und er erklärt: »Das war das erste, was in die Maschin' gekommen ist. Sagens Sie's aber niemandem; das war gegen die Sicherheitsbe-stimmungen; die werden gedacht haben, des isch' Cargo.«

Die Ankunft mit dem Flugzeug in Ladakh
ist wie ein Schlag mit der Axt ins Gehirn.

Der Flughafen von Leh liegt 3500 Meter hoch. Das ist
Ladakhs niedrigste Höhe. Die Maschine landet, als wäre sie ein
Wasserflugzeug, das bei Seegang aufsetzt. Es beutelt mich im
Sitz, und dabei stößt der Boden immer fast an die Flügel.
Irgendwann steht sie, und ich schaue aus dem Fenster und sehe
nur Wüste und Berge, nicht mal eine Landebahn war zu
erkennen. Die Kabinentür geht auf, der Druckausgleich ist
weg, und es ist, als wenn dir einer mit der Axt ins Gehirn
schlägt. Es wird so eine kleine Treppe ans Flugzeug gestellt, das
Gepäck aus der Ladeluke von ein paar Männern ausgeladen
und weggetragen. Das Flughafengebäude ist eine Wellblech-
hütte, die nicht mal bis zum Bauch der Boeing reicht; darin sind
Stühle, die aus verschrotteten Bussen herausgerissen worden
sind; sie haben nur noch Federn und keinen Stoff mehr. Es geht
uns schlecht vor rasenden Kopfschmerzen. Wir warten, ich
schaue herum, und plötzlich sehe ich Spalba.

61

Die Sache mit Fritz war geplatzt. Er war schon vor uns losgeflogen, um alles zu organisieren. Als wir nicht, wie geplant, am 3. August ankamen, ist er durchgedreht und nach Zürich zurückgeflogen. Innerhalb von vier Tagen hat er für 4500 Mark Tickets verflogen.

Spalba, ein Ladakhi, arbeitet für Reiseagenturen und führt Treckinggruppen. Ich hatte ihn bei den Vorbereitungen in Brüssel kennengelernt. Du sprichst mit jemandem sechs Stunden, es stellt sich ein Vertrauensverhältnis her, und du sagst, wenn ich das Geld zusammen habe, dann drehen wir. Du siehst den Mann ein halbes Jahr nicht wieder, und dann steht er tatsächlich am Flughafen, hat geglaubt, an was du ihm gesagt hast. Als wir den Termin nicht halten konnten, war meine große Sorge, daß er eine Touristengruppe übernimmt und in die Berge geht, drei Wochen lang über Fünf- und Sechstausender, da ist er nicht mehr zu erreichen. Deshalb habe ich Muni in Delhi gebeten, sie soll nach Ladakh telefonieren. Auf der Post gibt es ein Telefon mit einer Satelliten-Verbindung nach Indien, das manchmal funktioniert. Sie hat ins Telefon geschrien: »Kuby Filmproduktion kommt später, Spalba soll warten«, konnte aber nicht verstehen, wer an der anderen Seite war. Das hat ihn erreicht, aber er wußte nicht, wie lang, und er konnte nicht antworten.

Spalba hatte *Kataks* in der Hand, weiße Seidenschals, die dem Gast als Zeichen der Freundschaft zur Begrüßung um den Hals gehängt werden. Er hatte drei Jeeps vor der Tür und ein Hotel in Leh besorgt. Da hatten wir erstmal einen Platz, wo wir unsere schmerzenden Köpfe hinlegen konnten. Spalba war meine große Stütze während der ganzen Zeit, er war der Mensch, der am besten verstand, was ich mit dem Film eigentlich wollte.

Noch auf dem Flughafen in Leh hörte ich, daß der Dalai Lama im Land sei. Er machte zum ersten Mal eine Rundreise durch die Dörfer, so daß sein Volk, für das er noch immer das geistige Oberhaupt ist, ihn als Person erleben konnte. Also, wann ist er wo und wie lange? Ich würde gerne ein Interview mit ihm machen. »Aussichtslos«, war die Antwort, »das indische und amerikanische Fernsehen hat auch keines bekommen und ist bereits abgereist.« »Und wo ist er jetzt?« »In Nubra.« »Wo ist Nubra?« »Hinter dem höchsten Paß der Welt, drei Tage mit dem Jeep. Er kommt morgen zurück mit dem Flugzeug.« Dann heißt es, er habe die Militärmaschine nicht betreten, er fliege nur mit einer Boeing. Also würde es wieder ein paar Tage dauern, und selbst dann ist es unwahrscheinlich, daß wir mit ihm drehen dürfen, und ich sage, dann müssen wir eben auf den Dalai Lama verzichten.

Am zweiten Tag fahren wir zum Königspalast nach Spituk, sieben Kilometer von Leh, wo die Königin Reni noch machtlos residiert. Wenn man in ein fremdes Land kommt, sagt man erst einmal dem Häuptling Guten Tag, anstatt einfach in der Gegend herumzuschnüffeln. Bekommt man keine Einladung, so überreicht man wenigstens ein Geschenk und geht wieder. Man kann alles schenken, einen Kugelschreiber oder ein Feuerzeug, man greift einfach in die Tasche. Wenn man gar nichts hat, überreicht man auf jeden Fall einen Katak, in den man etwas Geld einwickeln kann. Auch an die Buddhastatuen werden Geldscheine gesteckt; den Buddhas ist es egal, was du gibst, sie wollen nur sehen, daß deine Seele geben kann.

Wir überreichen unseren Katak – die Königin ist nicht da – und werden im Palast herumgeführt. Er ist in einem hervorragenden Zustand. Er macht nicht den Eindruck, hier ist repräsentiert worden, sondern hier ist gelebt worden. Es glänzt nichts. Es ist einfach alles solide gearbeitet. Jeder Balken ist mit Schnitzereien verziert, es gibt keinen Tisch, der nicht künstlerisch bearbeitet ist, aber es ist alles benützt, die Dielen sind durchgelaufen, die Kanten und Geländer abgegriffen. Es ist nicht geputzt, auf allem liegt eine Dreckschicht, wienern tut hier keiner. Vom Dach hat man einen fantastischen Blick über das Industal.

Ich mußte nun unser Team zusammenkriegen. Aus Deutschland waren wir zu fünft gekommen, ich, Mauch, Judith Kaufmann als Kameraassistentin, Alexis Ward für Ton und Gabriele Wengler für Standfotos. In Ladakh kamen noch fünf Leute dazu. Spalba war Regieassistent und Dolmetscher. Ich fragte ihn, wer kann denn Produktion machen. »Natürlich mein Kompagnon Wangchuck.« Wangchucks Trumpf ist seine Chuzpe, mit der er fast alles erreichen kann. Als Koch engagierte er einen Inder, Ramisch, und dessen Helfer Rexin. Er hat sich sehr bemüht, aber ich fand das Essen entsetzlich, und es war wirklich rührend, daß das Team nicht gemeutert hat. Wir haben ihm gezeigt, wie man Bratkartoffeln mit Spiegeleiern macht, das war unser Festessen, aber leider war beim zweitenmal doch schon wieder Curry drin. Den ganzen Proviant mußten wir mitschleppen, einen Zentner Linsen, einen Zentner Reis, Öl usw. Als fünfter kam noch der Militäroffizier dazu, das war eine Bedingung für die Drehgenehmigung gewesen. Das Militär hatte diese Aufgabe von Delhi nach Srinagar, von Srinagar nach Leh, und dort ans Tourist Department delegiert, und das hatte uns den Sonam zugeteilt, einen Ladakhi. Er war sehr kooperativ und hat täglich die Kassetten vom Vortag übersetzt.

Es stellte sich nun die Frage des Drehortes. Im Antrag für die Drehgenehmigung hatte ich Chiling vorgeschlagen, das liegt auf der linken Seite des Indus. Auf der rechten fängt bald hinter Leh das militärische Sperrgebiet an, und deswegen wäre mir ein Dorf auf dieser Seite nicht genehmigt worden.

Als ich in den ersten Tagen mit Kopfweh, Zahnschmerzen und Sonnenstich im Bett liege, kommt Wangchuck rein und fragt: »Warum Chiling?« Ich erkläre ihm, was für Chiling spricht. Das Dorf ist berühmt für sein Handwerk, Kupfer und Messingschmiede. »Ja«, meint Wangchuck, »wirklich interessant«, und wir reden eine halbe Stunde über die Vorzüge von Chiling, bis ich schließlich merke: »Du hast aber eine andere Idee, nicht wahr?« »Ja, ja,« sagt Wangchuck, »da gäbe es noch eine andere Möglichkeit...« Mensch, denk ich, ohne meine Frage hätte er es mir vielleicht gar nicht gesagt, aus buddhistischer Unaufdringlichkeit heraus. Er nannte Spoa, weil er aus dem Tal stammt, in dem Spoa liegt, dort hat er die besten Verbindungen. »Aber das ist doch Sperrgebiet?« »Na und«, meint er, »wir sind hier zu Hause und Delhi ist weit weg.« »Und wenn Militär kommt?« »Wenn schon, die haben andere Sachen

Spoa, unser Drehort, ein Dorf wie ein Wabennest
an den Hang gebaut.

zu tun. Die würden sich freuen, wenn sie bei Euch mal durch
die Kamera schauen dürften.«

Wir entscheiden uns für Spoa, und auf der Fahrt dorthin sagt
Wangchuck: »Übrigens, der Dalai Lama wird dort auch hin-
kommen. Das ist eines der letzten Dörfer, die er noch vor
seinem Abflug besucht.« Ich bin sprachlos. Immer wieder ist es
passiert: Die Hauptsache erfährt man so nebenbei. Die Leute
erzählen uns sehr viel, aber worauf es ankommt, erfahren wir
nur, wenn wir ganz gezielt danach fragen. Aber auch damit
kann man Pech haben. Ich fragte unterwegs jemanden in
meiner Unbeholfenheit: »Spoa??« und deute an der Weggabe-
lung nach rechts. Die Antwort ist »tack-tack«, ja, sicher. Wie
sich herausstellt, war es der falsche Weg, aber nicht, weil der
Ladakhi es nicht richtig wußte, sondern weil es ihm die
Höflichkeit verbietet, einer ehrwürdigen Person, die ich als
Ausländer bin, zu widersprechen.

Einen Film bei dieser Informationspolitik zu drehen, ist ein tolles Unternehmen. Ich muß nachträglich aber zugeben, daß ich daraus gelernt habe, anders zu planen, d.h. mit der Zeit anders umzugehen. Aus unserer Gesellschaft bin ich gewohnt, einen Plan so zu machen, daß er funktioniert, und ich kann auch verlangen, daß er funktioniert. Wir sind von unseren Maschinen darauf trainiert. Nicht so in Ladakh. Dort würde man, wenn man diese Arbeitsauffassung beibehält, sehr schnell wahnsinnig werden, denn niemand macht einen Plan, der Plan wird woanders gemacht, wir sind Teil des Planes, und gemäß unseres Sprichwortes: Der Mensch denkt, und Gott lenkt, sind die Pläne des Menschen unbedeutend. Niemand nimmt es dem anderen übel, wenn er nicht pünktlich ist. Sie vertrauen darauf, daß die Dinge aus sich selbst heraus funktionieren und das tun sie auch, wie ich immer wieder staunend erfahren durfte.

Es geht im Jeep hoch hinauf. Bei unserer Ankunft sehen wir, daß ein großes Zelt aufgebaut wird. Ich mache die Jeeptür auf, steige aus, und im selben Moment schießt mir ein Blutschwall aus der Nase. Ich sehe aus wie geschlachtet. Ich lege mich auf den Boden, ein Bach fließt daneben, jemand schiebt mir ein nasses Tuch unter den Nacken. Da liege ich also erstmal an unserem Ziel flach. Über mir fremde Gesichter. Geshe kommt vorbei – da wußte ich noch nicht, wer er war – checkt: »Das ist nicht schlimm«, und geht weiter.

Geshe hat den Dalai Lama-Besuch organisiert, er war voll in der Arbeit, hatte 150 Leute zu dirigieren. Ein irrer Trubel, jeder bringt seine schönsten Sachen, Teppiche, Tischchen, Stoffe, was sie haben, um das Zelt auszuschmücken. Sogar ein Yak soll gebraten werden, das ist hier einmalig. Mein Nasenbluten hat aufgehört, und wir fangen sofort an zu drehen. Durch Wangchuck kommen wir in eine Familie und dürfen filmen, wie die Frauen ihren *Perak* anlegen, den mit Türkisen besetzten Kopfschmuck, und sich schön machen.

Es heißt, morgen komme der Dalai Lama. Ich bin so aufgeregt, daß ich kaum schlafen kann. Ich stehe beim ersten Lichtstrahl auf, bin nach außen ganz ruhig. Wir machen uns fertig, da sagt einer beiläufig: »Der Dalai Lama kommt heute nicht.« »Die ganze Aufregung umsonst.« »Im Radio ist die Nachricht früh morgens durchgegeben worden. Wer sie hört, soll zum Geshe laufen und es ihm sagen. Ganz wichtige Informationen werden so übermittelt.

Früher war das anders. Auf manchen Bergspitzen sieht man Türme, die nicht aussehen wie Stupas. Es sind alte Beobachtungstürme, in denen ein Mönch wohnte und andere Türme beobachtete, die so weit entfernt sind, daß man sie nur als winziges Pünktchen auf einem fernen Bergrücken wahrnehmen kann. Von diesen Türmen haben sie sich mit Spiegeln Lichtsignale zugeblinkt. Das soll so gut funktioniert haben, daß sie in Leh in kürzester Zeit wußten, wenn ein Trupp über den 250 km entfernt gelegenen Kargil-Paß kam.

Hunderte waren wegen des Dalai Lamas von weither gekommen, tagelang zu Fuß aus den Nachbartälern. Sie fingen einfach an zu feiern, und begannen den Ochsen zu essen, auch ohne den Dalai Lama.

Am nächsten Tag kam er dann wirklich. Ab 9 Uhr war der Platz voll und die Straßenränder dicht gesäumt. Ich bat Mauch mit der Kamera durch dieses brodelnde Spalier zu gehen, aber er hat sich nicht getraut. Heilige Ornamente waren auf den Boden gemalt, da durfte niemand darauftreten, aber wenn die Leute merkten, daß man das respektiert, dann geben sie den Weg frei, um drumherum zu gehen.

Kurz vor der Ankunft des Dalai Lama wurden die Leute vom Platz vor dem Zelt getrieben, weil sie dort über ihm gestanden hätten. Also kauerten sie sich rechts und links des Weges hin, so daß der im Auto sitzende Dalai Lama in jedem Fall auf sie herabblickte. Als sein Wagen auftauchte – es war mittlerweile fünf Uhr nachmittags geworden – wurde die Menge mit Stockschlägen hier und da im Zaum gehalten. Der Dalai Lama ging 50 Meter vom Wagen zu seinem Thron unter dem Zeltdach, und die Menschen stürzten hinter ihm her.

Dokumentarfilm-Kameramann ist psychisch und physisch ein sehr harter Job. Die Technik perfekt »drauf zu haben«, ist nur die eine Seite. Du mußt die Situation oft blitzschnell begreifen und dich elegant darin bewegen können; du kannst

Gerade in dem Dorf, in das wir uns für den Film
von der Zivilisation zurückgezogen hatten, überrascht uns am
zweiten Tag S. H. der Dalai Lama

sonst auch leicht mal eins über die Rübe kriegen. Die Militär-soldaten mit ihren Schlagstöcken sind da nicht zimperlich.

Auf die Ankunft des Dalai Lama hatten wir uns genau vorbereitet. Den ersten Schuß machten wir oben am Berg, wo man den Konvoi um die Kurve kommen sah. Dann rannten wir den Hang hinunter, um seine Einfahrt auf dem Platz zu drehen. Wangchuck trug die Kamera zwischen den beiden Drehpunkten, weil er der sicherste auf den Beinen war – wie alle Ladakhis springt er wie eine Gemse über die Felsen. Mauch drückt ab und brüllt: »Die Kamera läuft nicht! Die Kamera läuft nicht!« Ich schaue Judith an, jeden Augenblick muß er um die Ecke kommen. Der Dalai Lama fährt ein, die Kamera läuft nicht. Schließlich entdeckt sie, daß der Akkustecker beim Runterlaufen herausgefallen war. Mauch dreht, läuft neben dem Dalai Lama her, brüllt aber immer noch: »Die Kamera läuft nicht!«

Der Dalai Lama setzt sich im Schneidersitz auf den Thron. Es werden ihm die Früchte des Tales gezeigt. Er greift nach einem Apfel und ißt ihn mit Vergnügen, erkundigt sich nach den verschiedenen Sorten Aprikosen, die hier wachsen, und ob auch Öl aus den Kernen gemacht werde, »Auch Massageöl?«, fragt er. Dann sieht er uns mit der Kamera und will wissen, was wir vorhaben. Ich erkläre es ihm, und er nickt zustimmend.

Er wendet sich dem Volk zu und sagt: »Jetzt will ich Euch einige Lehren Buddhas erteilen.« Das dauert zwanzig Minuten.

Er steigt vom Thron herab, begibt sich zu den aufgehäuften Gaben: Obst, Gemüse und Votivfiguren aus Teig. Er segnet diese Gaben, indem er davon kostet, und steigt wieder in sein Auto. Der Konvoi fährt los.

Auch wir springen mit den Filmgeräten in unsere Jeeps und nehmen die Verfolgung auf. Zum Glück haben wir einen Fahrer, der die Mängel seines Fahrzeuges durch Geschicklichkeit wett macht, so daß wir nach zwei Stunden Raserei nur noch acht Wagen hinter dem Dalai Lama liegen. Als die Kolonne anhalten muß, um die Kühler nachzufüllen, mache ich mich zu Fuß an den Leibwächtern vorbei, bis ich den Dalai Lama direkt am Fenster seines Wagens ansprechen kann. Ich frage ihn, ob er gewillt sei, mir ein Interview zu geben. Während mich die aufgeschreckten Bodyguards wegzerren wollen, bekomme ich zur Antwort: »Ja, sehr gerne.«

Damit konnte ich nun bei seinem Sekretär mehr Druck auf eine feste Terminzusage machen, was bedeutete, seinem restlichen Besuchsprogramm über die Berge in diesem aufreibenden Tempo weiter zu folgen, um dem Sekretär bei jedem Stop neu wegen eines Termins zu bedrängen.

Den Abschluß bildete die Großveranstaltung in Choklamsar, acht Kilometer von Leh entfernt. Auf einer Wiese am Ufer des Indus waren 15 000 Menschen aus ganz Ladakh zusammengeströmt. An zwei Tagen gab der Dalai Lama ihnen religiöse Unterweisungen, die je vier Stunden dauerten. Zu den verschiedenen buddhistischen Aspekten wurden Mantras gesprochen, die den Geist darauf einstimmen und das Herz öffnen. Eine solche innere Haltung bewirkt friedliches, altruistisches, liebevolles Verhalten.

Aus dem Interview wurde auch hier wieder nichts, wir sollten es im tibetischen Flüchtlingslager noch einmal versuchen. Wieder kämpften wir uns durch Abschirmungen hindurch, und diesmal hatten wir Glück. Auf einer Dachterrasse, wo der Dalai Lama gerade sein Mittagessen eingenommen hatte, durfte ich ihn zehn Minuten lang sprechen.

Wir kehrten ins Dorf zurück und nun, am 3. September, genau 1 Monat nach dem geplanten Drehbeginn, fing unser Film eigentlich erst an. Aber es war eine nie zu kalkulierende, fantastische, neue Voraussetzung dafür entstanden: wir waren nun in Spoa zum »Team des Dalai Lama« geworden, das öffnete uns die Türen und Menschen.

Auf nach Spoa: du fährst mehrere Stunden von Leh das Industal hinauf und biegst dann links in die Berge. Aus zwei Seitentälern fließen Bäche, die sich zu einem Fluß vereinigen, der in einem oben noch breiteren, unten engen Tal zum Indus hinunterströmt. In der Mitte der Gabelung erhebt sich wie ein Venusberg ein Hügel, darauf sitzt das Dorf Spoa. Es ist gebaut wie ein Wabenstock, im Innern werden die Wege teilweise zu Tunneln. Du fühlst dich fast wie im Labyrinth einer Großstadt.

Immer wieder war ich erstaunt, an welcher Seite des Dorfes ich herauskam. Vielleicht hätte ich mich nach zwei Monaten wirklich ausgekannt. Es ist nicht ersichtlich, wo ein Haus aufhört, das andere anfängt, man kann von einer Terrasse auf die andere springen. Hier leben etwa 400 Menschen. Die Felder liegen rundherum um diesen Hügel, eine Oase, deren Ränder sich scharf von der steinernen Wüste abheben. Jeder Dorfbewohner kann hinunter auf sein Land blicken. Die Leute stellen sich hin und pfeifen und bekommen die Antwort per Pfiff vom Feld zurück; manche rufen auch in einem langgezogenen Sing-Sang.

Die Oase hat die Form eines Ypsilons und zieht sich 20 Kilometer lang bis zum Indus in einem etwa 400 Meter breiten Tal hinunter. Verstreut liegen Höfe inmitten ihrer Felder. Baumreihen, meist Pappeln, zeigen an, wo Bäche fließen. In Ladakh fällt so gut wie kein Wasser vom Himmel. Alles Wasser, das die Pflanzen brauchen, muß ihnen aus den Bächen zugeleitet werden, die Schmelzwasser von den Gletschern bringen. Grüne Flächen sind wie ein fein gemasertes Blatt mit einem Adernsystem durchzogen. Das Wasser wird vom Bach abgezweigt und so weit wie möglich ins Land geleitet, so daß es gerade noch genug Gefälle hat, um zu fließen. Solche Kanäle können viele Kilometer lang sein und verästeln sich immer mehr. Das Wasser versickert auf den Feldern in Rillen, von denen sie in Abständen von 1–2 Metern durchzogen sind.

Da die Tiere frei herumlaufen – es gibt keine Zäune –, sind die Gemüsegärten eingemauert. Auch hier wird das Wasser hineingeleitet, nicht jedoch in die Häuser.

In das Bewässerungssystem sind tausend Jahre Erfahrung eingegangen; für einen Unkundigen ist es undurchschaubar. Das Wasser fließt nicht überall gleichzeitig, sondern wird nach Bedarf hierhin oder dorthin gelenkt, indem ein Stein oder eine Grassohle umgelegt wird. Für die große Regulierung sind in Spoa Wassermänner zuständig, auf seinem eigenen Land hat jeder selbst die Zuleitung vorzunehmen.

Jeder Weg kann auch zum Kanal werden, und umgekehrt werden leere Kanäle als Wege benutzt. So muß man aufpassen, wo man sein Zelt hinstellt. Wo man gestern noch trockenen Fußes gehen konnte, sprudelt heute Wasser, und man muß von Stein zu Stein springen. Für Ladakhis ist das kein Problem, weil die meisten im Sommer keine Schuhe anhaben, sie laufen auf diesen scharfen, kalten Felsen barfuß.

Gerade, ebene Wege gibt es überhaupt nicht, ich muß immer auf meine Schritte achten. Selbst der Hauptweg zum Dorf führt über Felsen, an denen ich mich mit beiden Händen abstützen muß. Ladakhis tragen dabei noch einen Zentner auf dem Rücken. Man kommt sich vor wie ein Behinderter, wenn man sich wegen der dünnen Luft von einem Bein zum anderen hochstemmt, während die Ladakhis flink und ohne je zu stolpern den Berg hinaufhüpfen.

Die Luft ist immer voller Stimmen, Singen, Schreien, Pfeifen. Die Ladakhis singen ständig, zu jeder Tätigkeit gibt es Lieder, die nach bekannten Mustern spontan improvisiert werden. Nur wenn wir kamen, hörten sie auf zu singen: Stativ, Kamera, Mikrophon, das aussieht wie ein Riesenpenis, Kopfhörer auf, Alukoffer, Reflektoren, so laufen wir durch die Gegend und sagen dann: »Singt doch weiter!«, aber staunend bleiben ihre Münder offen stehen.

Wir waren zur Erntezeit in Spoa. Für Anbau und Ernte und allem anderen, was sie für das Jahr brauchen, haben sie nur vier Monate Zeit, da wird jetzt auch nachts gearbeitet. Der Himmel ist so klar, daß das Licht der Mondsichel und der Sterne ausreicht. Ich lag im Zelt und hörte die ganze Nacht Singen und hörte, daß auf das Lied einer Frau von ganz fern immer wieder die selbe Stimme antwortete. Ob sie wußte, mit wem sie sich so schön »unterhalten« hatte? Ich glaube nicht. Außer dem ewigen Plätschern der Wasserläufe gibt es keine Nebengeräusche, weder in der Nacht noch am Tag. Wenn ein Stein vom Berg rollt oder ein Vogel schreit, hört es das ganze Tal.

Es gibt nichts zu kaufen in Spoa. Im Winter kommen Händler durch, wie die Schmiede aus Chiling, die Töpfe und Kannen anbieten. Jeder Haushalt ist so gut wie autark. Was für die Lebenserhaltung unentbehrlich ist, wird auf dem Hof

produziert: Nahrung für Mensch und Tier, Kleidung, Brennmaterial, Hausbau und andere Handwerksprodukte.

Diese Autonomie ist, glaube ich, die wichtigste existenzielle
Grundlage für das Lebensgefühl eines Ladakhi. Er kennt keine
materielle Abhängigkeit von anderen. Darauf gründet sich
seine Würde. Man kann die Ladakhis nicht mit Existenzangst
unter Druck setzen. Wenn man die Existenzangst nicht vor den
Karren der Macht spannen kann, dann gibt es keine Macht. Die
Regierenden können nur noch gute Ratschläge geben.

Wir brauchten nun eine Familie, in der wir drehen konnten.
Wangchuck meinte, es müsse eine progressive, wohlhabende
Familie sein. Ich war dagegen. Ich wollte eine traditionelle,
typische, am liebsten polyandrische Familie, das heißt eine, in
der die Frau mehrere Ehemänner hat. Aber auf diesem Ohr
war Wangchuck zunächst taub. Die Inder haben die Polyandrie
verboten, deshalb spricht man nicht darüber. Ich könnte bei so
wenig Zeit nicht die Familie wechseln, mit der ich mal angefangen habe zu drehen, deshalb ging es schon am Tag unserer
Ankunft darum, welche Familie der Protagonist meines Filmes
wird.

Wangchuck vermittelte mir die Familie Straga. Der Kontakt
war kein Problem. Die Leute sind offen, freundlich und
neugierig, immer ein Lachen dabei. Ich hatte das Gefühl,
Freunden zu begegnen, die ich schon immer gekannt hatte. Die
Leute kommunizieren vom Herzen her, und da fühlt man sich
verwandt. Es ist einfach ein Grundvertrauen da. Ich gehe hin,
fasse sie an und rede auf Deutsch mit ihnen, und sie reden auf
Ladakhisch und fassen mich auch an. Da Bauernprobleme
überall auf der Welt die gleichen sind, halfen mir meine
langjährigen Erfahrungen in der biologisch-dynamischen
Landwirtschaft, um mich im Gespräch auf ihr Leben einzustel-
len.

Ein ladakhisches Begrüßungslied drückt aus, mit welcher Einstellung Gäste empfangen werden:

Wenn ihr in mein Haus kommt
Sei es am Morgen, am Abend oder am Nachmittag
Ob ihr im Frühjahr kommt oder im Winter
Ich werde euch erwarten.
Ich werde euch erwarten mit Tee und Tsampa
Drum zögert nicht, meine Freunde,
Bleibt nicht fort.

Zitiert nach Andrew Harvey, *Ins Innerste des Mandala*

Es wäre unhöflich, nicht zu essen und zu trinken, was angeboten wird. Das ist ein Problem, wenn du schon Durchfall hast. Thomas Mauch war da ein Genie, der nahm alles, langte in jeden Topf rein, und er war der einzige im Team, der nie krank wurde.

Die Ladakhis essen früh, mittags und abends Tsampa, einen Brei aus gemahlener Gerste. Dieser Brei ist meistens gekocht, zum Frühstück jedoch nimmt man eine Handvoll Gerstenmehl in eine Schale, gießt einen Schöpflöffel warmes Wasser darüber und knetet solange, bis ein geschmeidiger Teig entsteht und die Hände wieder sauber sind. Dieser Teig wird zu Stangen geformt und davon abgebissen. Zusammen mit Aprikosen, die es reichlich gibt, ist das eine vollständige Ernährung: alle essentiellen Aminosäuren, Vitamine und Mineralien sind darin enthalten. Ich hätte auch gerne Tsampa gegessen, aber uns wurde angeboten, was als fein gilt: importierter weißer Reis mit Zucker. So ähnlich dachte auch Wangchuck durch seine breite Erfahrung mit Touristen. Deshalb gab er uns Ramesch, den Inder, als Koch.

Jedes Dorf hat Wassermühlen, unauffällige Steinhäuschen über fließendem Wasser, das ein einfaches Mühlrad antreibt. Über einen Holzstock wird die Drehung auf den Mahlstein übertragen. Das Getreide wird durch ein Loch im oberen Stein eingefüllt und rieselt unten geschrotet in einen Behälter. So kann für Tsampa immer frisch gemahlene Gerste verwendet werden.

So kleine, funktionstüchtige Mühlen hat jedes Dorf
mindestens eine, in denen die Gerste zu Tsampa geschrotet wird,
dem Grundnahrungsmittel der Ladakhis.

Die Stragas gehören nicht zu den armen Leuten im Dorf. Der
Großvater hatte soviel Land, daß er neben einer vollen Landwirtschaft für den Ältesten auch den beiden anderen Söhnen
etwas Land vererben konnte. Im Haus leben nun die alten
Stragas, ihr ältester Sohn Nawang mit seiner Frau und deren
fünf Kindern und Choron, die jüngste Tochter, die Wangchuck
verführt – allerdings nur im Film. Die ältere Tochter hat in ein
anderes Tal geheiratet.

Der Hof wird in Ladakh übergeben, wenn der Erbe heiratet,
nicht erst dann, wenn der Alte nicht mehr kann. Sie geben die
Macht ab, aber ihr Wort bleibt gewichtig. Es schien mir, als
würden es die Großväter genießen, aus der Verantwortung
heraus zu sein und nicht mehr die Hauptlast der Arbeit tragen
zu müssen. Sie konnten es sich jetzt leisten, während der Ernte
mit ihren Frauen zu heißen Quellen zu reisen oder das

Klosterfest in Tiktse zu besuchen. Die beiden alten Stragas hatten ihre eigene Küche, wie es üblich ist, aber sie aßen meistens mit den Jungen.

So wenig die Alten aus der Gesellschaft herausgedrängt werden, so wenig die Behinderten und Verrückten, die man in jedem Dorf sieht, weil sie nicht in Anstalten eingesperrt sind. Im buddhistischen Glauben gilt Mitgefühl als die wichtigste Tugend. Niemand wird gedrängt, sich zu ändern, sondern er wird akzeptiert, wie er ist, als einer, der auf diese Weise sein Karma austrägt. Er bleibt in der Gemeinschaft und wird versorgt.

Der Fortschritt hat auch vor der Familie Straga nicht haltgemacht. Das sieht man nicht nur an der Sonnenbrille, die Opa Straga trägt. Der zweite Sohn der Stragas ist Vermessungsbeamter in Leh geworden, und auch der dritte ist nicht ins Kloster gegangen. Er besitzt Haus und Grund in Spoa und hat außerdem Zimmermann gelernt. Choron macht eine Ausbildung als Lehrerin. Über sie sagt der Vater: »Seit sie mit der Schule fertig ist, kann sie selbst bestimmen, was sie tun möchte.«

Zu erfahren, was auf Ladakhisch wirklich geredet worden ist, war Detektivarbeit. Da sprachen die beiden alten Stragas über ihre Tochter Choron, und ich wollte gerne einiges über die Familienstruktur hören, wer den Kindern wann die Ehepartner aussucht und so weiter. Mit Spalbar bespreche ich auf dem Weg zum Drehen etwa 8 Fragen. Ich unterbreche das Ladakhische nicht, wenn wir drehen, selbst bei Kassettenwechsel halte ich inne, um die Fortsetzung des Gespräches nicht zu stören. Ich frag' auch sonst nicht gleich: »Stimmt das?« Dieses Mißtrauen habe ich und sie nicht. Auch wenn die Menschen mir Dinge erzählen, die ich mit meinem westlichen Denken nicht begreife, gehe ich niemals davon aus, belogen zu werden. Ich bin dankbar, daß sie mit mir sprechen, und das einzige, was ich Ihnen anzubieten habe, ist, daß ich offen ohne jeden schlechten Gedanken zu ihnen bin, und dann ist die Kommunikation ganz einfach und spielerisch. Ich kann aus ihrer Mimik soviel herauslesen, daß ich in etwa fühle, wie sie zu den Fragen stehen, die Spalbar nach seinen eigenen Vorstellungen vorbringt und ändert.

Abends im Zelt haben Alexis oder ich mit Wangchuck das Band angehört, saßen da mit gezücktem Kugelschreiber und fragen: »Was sagt sie da?« »Weißt Du, sie meint . . .« Was hat sie *gesagt*?!« Am nächsten Tag frage ich Sonam, den »Militärbeauftragten«, der sich als der beste und fleißigste Übersetzer erwiesen hat, und der erzählt mir etwas völlig anderes. Ich ging also zu Spalba und sagte: »Du hast doch mit ihr geredet. Sagt sie denn das?« »Ja«, sagt er, »das ist schon richtig, aber sie meint das nicht so, sondern . . .« Nur mit drei Dolmetschern habe ich mich an das herantasten können, was nun wirklich geredet worden ist.

Ich hatte immer ein Auge auf die Kinder. Wie gehen die Erwachsenen mit ihnen um? Es muß ja etwas mit der Erziehung zu tun haben, daß die Menschen in Ladakh so offenherzig und ohne Mißtrauen sind. Aber meine Frage nach der Erziehung wird nicht verstanden. »Ob ich fragen möchte, ob es eine Schule gibt?«

Ich lerne, daß man die Kinder sich selbst überläßt. Die Kinder »erziehen« sich gegenseitig. Wir hatten immer einen ganzen Pulk kleiner Kinder hinter uns, die uns genau beobachteten und alles sammelten, was wir in unsere Mülltüte steckten.

Ein Kind mit drei Jahren trägt schon ein Baby von vier Monaten auf dem Rücken, seine Beine schleifen auf dem Boden. Alle haben sie Rotznasen, niemand putzt sie ihnen ab, keiner sagt, zieht mal Schuhe an. Ab und zu gehen sie nach Hause zum Essen und Schlafen.

Als wir bei den Stragas zum Tee sind, hockte sich der kleine Junge auf den Boden und pinkelte. Niemand schien es ungehörig zu finden. Die größere Schwester holte einen Strohbesen und verteilte damit die Feuchtigkeit, die der Lehmboden sofort aufsaugte. Bei solchen Verhältnissen müßte es eigentlich ziemlich streng riechen, aber das tut es nicht, weil die Luftfeuchtigkeit so gering ist.

Exkremente von Menschen und Tieren sind nicht mit einem Tabu belegt. Das fängt schon bei den Windeln an, die es in Ladakh nicht gibt. Stattdessen wird einfach die Naht im Schritt offengelassen und nachts oder im Winter für die Babies kartätschte, d. h. ungesponnene Wolle verwendet, die läßt man trocknen, klopft sie aus und benützt sie wieder.

Die menschlichen Exkremente sind kein Abfall, sondern ein kostbarer Dünger für die Felder, weil Tierdung als Brennmaterial gebraucht wird. Die Leute kacken deshalb nicht irgendwo hin, wie in den indischen Städten, sondern sammeln ihren Dünger geflissentlich. Bevor man sich bei seinem Gastgeber verabschiedet, hinterläßt man ihm höflicherweise noch etwas auf seinem Klo.

Das Klo ist ein Raum im ersten Stock mit einem Loch im Boden. Da der Boden aus Lehm und Stroh besteht, ist das Loch an den Rändern ausgefranst. Kleinere Menschen, die fürchten hineinzufallen, setzen sich davor. Ihr Haufen ist sofort von der dicken Staubschicht auf dem Boden umhüllt und wird dann, wenn es nicht vergessen wird, mit dem Fuß oder der Hand ins Loch geschoben.

Wangchuck und Spalbar haben uns für das Camp auch so ein Klo gebaut. Sie haben 30 m weg am Feldrand ein Loch in die Erde gegraben, es mit Holzbrettern abgedeckt und mit Erde bedeckt. Die Holzbretter haben sie sich bei Bauern geliehen und mußten sie nach zwei Monaten zurückgeben. Um unseren Bedürfnissen entgegenzukommen, hatte Wangchuck aus Leh vier Bambusstöcke und Jutestoff mitgebracht, mit dem er die Örtlichkeit umspannt hat, nicht bedenkend, daß die Sonne ohnedies unsere Schattenrisse deutlich abbildete, wenn sie morgens hindurchschien. Das Klo stand neben einem Hauptweg. Gingen Ladakhis vorbei, schoben sie den Sack beiseite, schauten rein und gingen lachend weiter.

Die Leute fassen Scheiße an so wie wir Erde, da gibt es keine Hemmschwelle. Beim Dreschen wird der Kot der Tiere mit den Händen aufgefangen, damit er nicht ins Korn fällt. Er wird mit Stroh verknetet, auf die Steine zum Trocknen gelegt oder an die Wand geklatscht. Die Fladen fallen ab, wenn sie dörr sind, werden eingesammelt und vor dem Haus aufgeschichtet als Brennmaterial für den Winter.

Im Bus habe ich einmal eine Szene erlebt, die ich sehr gerne gedreht hätte, aber ich war mit hohem Fieber auf dem Weg zum

Arzt in Leh. Vorne stand ein kleiner Junge und aß einen grünen Apfel nach dem anderen. Ich hatte selbst Durchfall und dachte, das kann nicht gutgehen. Die Mutter des Jungen schlief, und er setzte sich auf den Schoß einer anderen Frau. Plötzlich ging es los: Die Frau hält die Hand unter den Hintern, kaum ist sie vollgelaufen, wirft sie die Soße aus dem Fenster und hält die andere Hand darunter. Die Frau daneben merkt, daß zwei Hände nicht reichen, und im Handumdrehen bildet sich ein Förderband aus Händen. Die Frauen putzen draußen an der Blechwand ihre Hände ab, und der Junge schläft ein. Ein paar Stunden später wacht die Mutter auf, und es wird ihr lachend erzählt, was los war. Keiner wäre auf die Idee gekommen, sie deswegen zu wecken.

Es gibt also für die Ladakhis keine Hygieneerziehung. Damit brauchen sie von sich auch nichts als schlecht abzuspalten, was unseren Kindern so mühsam antrainiert wird, und da, wo es

Erziehung in unserem Sinne zu Sauberkeit und Ordnung gibt es für die Kinder in Spoa nicht.

noch nicht gleich klappt, als anale Phase apostrophiert wird. Wie wir von Freud und Reich wissen, liegen die stärksten Wurzeln unserer Neurosen gerade in dieser Abspaltung und Erziehung zur Sauberkeit.

Kleine Kinder hört man selten schreien. Sie fühlen sich in der Gemeinschaft eingebettet. Auf dieser Fahrt nach Leh versuchte eine Mutter, zu schlafen, dabei drohte ihr das Baby vom Schoß zu rutschen. Eine Frau ganz hinten im Bus gibt ihr ein Zeichen, daß sie ihr das Kind abnehmen will. Das Baby wird über die Köpfe nach hinten gereicht und kommt erst nach mehreren Stunden auf dem gleichen Weg zurück, ohne daß es sich gemuckst hätte.

Ich hielt immer die Augen offen nach einer polyandrischen Familie. Eines Tages liefen wir aus dem Dorf heraus, um die Ernte zu drehen. Wangchuck spricht eine Frau an – das ist ja in Ladakh kein Problem, jeder kann mit jedem sprechen – und winkt mich her: »Du, sie hat eine polyandrische Familie.« Ich halte alle an und sage zu Mauch: »Mach' die Kamera bereit, vielleicht läuft hier gleich was.« »Wir wollten aber doch die Ernte drehen . . .« Wir warten ein paar Minuten, bis die Männer der Frau wieder aufs Feld hinausgehen, um weitere Getreideballen herbeizuschleppen; und da entsteht das Interview, das jetzt auch im Film ist: Frau Rigupa, die sich ein bißchen geniert, weil ihr einige Zähne fehlen.

Man muß sich mal vorstellen, wie wir alle aussähen, wenn wir keine Zahnärzte hätten. Nur häßliche Fratzen, sogar von Jugendlichen, würden herumlaufen. In Ladakh gibt es keine Zahnärzte, da kann nichts kaschiert werden. Frau Rigupa verlor die Zähne erst in den letzten drei Jahren, seit es bei ihnen im Dorf Prestigesache geworden ist, Zucker und Weißmehl zu essen, was nur von Leuten besorgt werden kann, die nach Leh kommen oder Beziehungen zur Armee haben.

Sonam, ihr älterer Ehemann, arbeitet in der Stadtverwaltung von Leh und kommt nur im Urlaub nach Hause, wenn dort die meiste Arbeit ansteht. Für Stobges, den jüngeren Ehemann, heißt das: »Er verdient Geld und ich arbeite.« Er kann sich offensichtlich nicht vorstellen, daß Verwalten auch Arbeit ist.

Durch die Abwesenheit des älteren Ehemanns ist der jüngere, entgegen dem Brauch, zum »Kopf der Familie« geworden, »denn er sagt uns täglich, was zu tun ist«. Das schafft Spannungen, die deutlich zum Ausdruck kommen, als Stobges, der jüngere Bruder, das Dorforakel fragt: »Warum habe ich mit meinem Bruder immer so viel Streit?« Das Orakel antwortet: »Du Bastard! Du fängst den Streit immer an mit Deiner Herrschsucht und Ungeduld.«

Mit ihren zwei Ehemännern hat Frau Rigupa fünf Kinder. Für die Kinder ist es egal, »ob ich zwei oder vier Ehemänner habe, es sind immer ihre Papas«. Frau Rigupa fühlt sich am wohlsten, wenn die ganze Familie zusammen ist. Keiner der beiden Männer hat dann irgendwelche Vorrechte bei ihr. Sie bestimmt, wer mit ihr ins Bett geht. Das gibt ihr eine starke Position. Außerdem gibt es nur eine Mutter und viele Väter. Wenn das Kind nicht mehr einem Mann allein zuzuordnen ist, kann es von ihm weniger beherrscht werden, denn es gibt für das Kind immer eine Vater-Alternative, auch, um sich mit ihm zu identifizieren. So schafft die Polyandrie ein starkes Gegengewicht zu dem patriarchalen Einschlag der ladakhischen Gesellschaft.

Ich hatte die vage Idee, im Film den Lebenskreis von der Geburt bis zum Tod zu schließen. Eines Tages hieß es, ich könne eine Geburt drehen, »es sei schon bald soweit«. Irgendwann wollte ich wissen, wo und wann sie stattfindet. Als ich der schwangeren Frau gegenüberstand, war ihr Bauch erst schwach zu sehen. Das überschritt mein Timing doch gewaltig.

Es gibt so vieles, was ich nicht drehen konnte. Meine Hauptaufgabe bestand darin, früh genug herauszubekommen, was passieren würde, denn Dokumentarfilm ist die Synthese von Spontaneität und Organisation. Das, was ich aufnehmen möchte, soll so spontan wie möglich aus sich selbst heraus passieren, und das, was aufnimmt, die Kamera, das Tonbandgerät und die Leute, die diese Technik bedienen, muß so gut wie möglich organisiert sein, sonst wird es kein Film. Mit jedem Meter, den ich verdrehe, engt sich mein Spielraum ein, weil der Film davon lebt, daß man die Geschichten nicht ausweitet und laufend neue

Personen einführt, sondern verdichtet, im Beziehungsgeflecht der Menschen bleibt, mit denen man angefangen hat, zu drehen. Also muß bei ihnen das passieren, was den Film ausmachen soll und nicht in einer anderen Familie. Das macht einem oft Kopfzerbrechen, und man muß die Ereignisse arrangieren. Zum Beispiel wollte ich gerne mal hoch hinauf, aber ohne eine dramaturgische Verflechtung zu dem, was ich bisher gedreht hatte, wäre es witzlos gewesen, egal, wie fantastisch das Landschaftspanorama da oben gewesen wäre. Leider gelang es mir nicht, rechtzeitig herauszubekommen, wann jemand von den Stragas auf die Alm hochgeht; sie haben halt keinen Terminkalender, in dem drinsteht: am so und so vielten Almabtrieb.

So haben wir keine Geburt und auf keiner Alm gedreht, jedoch eine Totenfeier. Da die Toten erst nach einigen Tagen verbrannt werden, war es keine Schwierigkeit, rechtzeitig an Ort und Stelle zu sein. Hier ist uns der einzige Fehler passiert. Während die Leiche verbrannt wird, macht Gabi Fotos. Dabei stößt sie versehentlich an die Kiste, in der die Leiche getragen worden ist. Die Lamas hören auf mit der Musik, Totenstille, alle starren sie an. Gabi weiß überhaupt nicht, was sie getan hat, aber das Team fühlt sich ernstlich bedroht und muß den Platz verlassen. Spalba erklärt uns: Die Kiste ist ein Heiligtum, auch wenn es nur zusammengenagelte Bretter sind; die darf keiner berühren, nicht einmal die Angehörigen.

Da du die Bräuche nicht kennst, mußt du sehr feinfühlig sein, um keine Fehler zu machen. Wenn es nicht so kraß ist, wie hier bei der Totenfeier, dann merkst du gar nicht, in welche Fettnäpfchen du getreten bist. Wir denken immer, die sind alle so nett, aber das heißt nicht, daß sie immer einverstanden sind. Ohne Sensibilität und tiefen Respekt für ihre Lebensweise verspielst du ihr spontanes Entgegenkommen.

Einmal kam ich in eine Situation, in der ich keine Möglichkeit sah, mich richtig zu verhalten. Ich wache nachts auf und merke, daß vor dem Zelt Leute sind. Ich rühre mich nicht und höre nur den leisen Schritten zu. Als es schließlich hell wird, mache ich das Zelt auf und schaue raus, da steht vor mir im Halbkreis eine Familie, der Vater mit einem Baby auf dem

Arm. Alle sind ganz ernst, und da merke ich: das Baby ist krank, es hat viel Blut im Stuhl, und ich soll es heilen. Mir wird bewußt, wie absurd es wäre, ihnen zu raten, eine Reise ins Krankenhaus nach Leh anzutreten; das wäre außerhalb ihrer Welt. Ich hole Wangchuck, er soll übersetzen und ihnen sagen, daß ich kein Arzt bin; aber sie wollen nicht mit ihm reden, sondern mit mir. Wenn ich dem Kind etwas gebe und es stirbt, habe ich es getötet; wenn ich aber nichts tue und es stirbt, trage ich die Schuld, weil ich meine Hilfe verweigert habe. Ich gab dem Kind schließlich ein homöopathisches Darmaufbaumittel. Ich erkundigte mich täglich nach dem Befinden des Babys und hörte, daß es durchgekommen ist. Ich hatte großes Glück.

Nach wenigen Tagen im Dorf war uns klar geworden, wer hier die Hauptperson ist: Geshe Lobsang. Täglich betet er für alle Lebewesen, die Menschen, Tiere und Pflanzen, für Frieden und Gesundheit, für genügend Wasser und gute Ernten; dann geht er durchs Dorf, zu denen, die ihn rufen, um zu segnen, zu heilen oder eine Zeremonie zu leiten. Unterwegs hat er für jeden ein Ohr, grüßt fröhlich alle Menschen und Heiligtümer. Die Leute begegnen ihm mit einer Mischung aus Ehrfurcht und Zutraulichkeit. Er ist ihr Freund, Meister, Ratgeber, Arzt, Schlichter, alles in einer Person. Er regiert das Dorf, ohne Bürgermeister zu sein, ohne Besitz, ohne Polizei, ohne Beamten, ohne Steuern.

Was mich so für ihn eingenommen hatte, war, daß er so warmherzig und humorvoll mit uns umging. Als er mir ein kurzes, tibetanisches Gebet beibrachte, das ich mindestens 22mal täglich sprechen sollte, legte er mir auch noch andere buddhistische Tugenden nahe, z. B., daß ich keinen Knoblauch essen sollte. Auf meine Erwiderung, daß ich den nun besonders liebe, klopfte er mir auf den Schenkel und sagte: »Dann iß ihn.«

Die Verehrung für diesen einfachen, aber doch hochgebildeten Mann in seinen roten Gewändern ist von großer Herzlichkeit und Respekt. Niemand zweifelt an seinen großen spirituellen Fähigkeiten. Sie glauben daran, daß er den Wind und Regen beeinflussen kann, und daß er in der Lage ist, Gold zu machen. Ja, manche glauben sogar, daß er das meditative Stadium des Fliegens erreicht habe, aber er zeige es niemandem, denn das wäre »ein sündhafter Mißbrauch seiner Fähigkeiten.«

Zu einem solchen Mißbrauch wollte ihn Wangchuck verleiten. Er versuchte, Geshe dazu zu bringen, ihn in das Mokading-Ritual einzuweihen.

Wangchuck hegte seit frühester Jugend den geheimen Wunsch, diese magische Methode kennenzulernen, mit der man sich eine Frau gefügig machen könne. Das ist aber streng verboten, und wer es trotzdem wagt, geht dafür 500 Jahre in die Hölle, heißt es. Er witterte die einmalige Chance, dieser Strafe zu entgehen, wenn er in meinem Auftrag, nur für den Film, das Mokading ausprobieren dürfte.

Ich überlegte, ob ich mich auf diesen Handel einlassen sollte, und stimmte zu, weil dieses Mokading offenbar ein landesweites Tabu darstellt, denn wir durften nicht einmal im Deutschen untereinander das Wort »Mokading« verwenden, weil Wangchuck und Spalba große Angst hatten, Ladakhi könnten es im deutschen Redefluß heraushören, und dann müßten nicht nur wir die Dreharbeiten abbrechen, sondern auch sie hätten das Land zu verlassen. Aus diesem Grund erlauben beide nicht, daß der fertige Film in Ladakh vorgeführt wird.

Ein Tabu dieser Stärke zeigte mir, daß auch in dieser Gesellschaft ohne Technologie der Mensch über Fähigkeiten, zu manipulieren, verfügt, die stärker sind, als ihm gut tun kann. Ich glaubte bisher, daß dieses Problem erst auftaucht, wenn man vor der Frage steht, Atomkerne oder Gene zu spalten. Da unsere Gesellschaft diese Frage nur nach dem Kriterium der Wirtschaftlichkeit beantwortet, wollte ich drehen, nach welchen Kriterien in Ladakh diese Frage, »wie neugierig darf der Mensch sein« entschieden wird.

Wangchuck war überzeugt, daß Geshe das Mokading-Buch habe. Um die Sache so spontan wie möglich zu drehen, bat ich Wangchuck, den Geshe erst dann um das Buch zu fragen, wenn unsere Kamera läuft. O. K. Wir gehen zu Geshe hoch, und während die Kamera und das Licht noch eingerichtet werden, legt Wangchuck schon los:

Wangchuck versucht, den Geshe für die schwarze Magie
des Mokading zu gewinnen: »Tu doch nicht so heilig,
du hast doch auch schon Frauen damit verführt«,
aber der lacht nur.

»Hör' mal, Geshe, Mönch hin oder her, Du stehst doch auf
Frauen«, und guckt den Geshe so an, daß der anfängt, zu grin-
sen. »Tu' doch nicht so heilig. Du hast doch in Deinem Leben
schon einige Frauen gehabt, wie hast Du sie denn gekriegt?«
    Geshe lacht, und Wangchuck wird immer frecher: »Du
brauchst doch nur das Mokading-Buch herzunehmen, und
schon kommt die Frau bei Dir hereinmarschiert.« Geshe lacht
so, daß ihm die Brille von der Nase schwimmt, und ich sage zu
Mauch: »Dreh doch! Dreh doch!«
    »Ja wieso, wir haben doch noch gar nicht angefangen!«
    Wangchuck zu Geshe: »Du mit Deinem Goldmachen, Du
kannst doch sogar Deinen Schwanz vergolden, wenn da nicht
die Frauen drauf stehn!« Und nun kommt erst die Szene, die
man im Film sieht.

Was wir allmählich lernten: du darfst nie vorher zu jemandem sagen: tu oder sag das, aber warte noch, bis die Kamera, das Licht und der Ton stehen. Sie schießen immer sofort los, und wenn du nachstellen mußt, wird es nie wieder so lebendig.

Geshe weigert sich also, das Mokading-Buch herauszurükken. Wir gehen weg, und ich sage zu Wangchuck: »Aus der Traum!« Aber Wangchuck gibt nicht auf, geht noch einmal hoch zum Kloster und holt mich später nach. Wir reden wieder über alles mögliche, und plötzlich heißt es, Geshe ist bereit. »Wir kriegen das Buch?« Ja, aber nicht in dieser Gompa, sondern in einer anderen, weiter oben im Tal.

Eineinhalb Stunden ging es den Berg hinauf mit unserer ganzen Ausrüstung. Es war die beeindruckendste Gompa, die ich je gesehen habe. In Vitrinen an der Wand sitzen die Gerippe früherer Lamas, manche mit Lamahüten auf dem Kopf und zerschlissenem Stoff über den Knochen, mit Spinnweben überzogen; dazwischen Buddhastatuen und andere Reliquien. An der anderen Wand eine große Bibliothek, wie man sie in dieser völligen Abgeschiedenheit nie vermuten möchte. Jedes Buch ist eine Kostbarkeit: zwischen zwei reich beschnitzten, etwa einen halben Meter langen Feinholzbrettern ist ein Stapel loser, beidseitig beschriebener Pergamentblätter zusammengeschnürt. In Brokat und andere schöne Stoffe gewickelt, steckt jedes für sich in einem Fach mit Türchen.

Alles im Schummerlicht der Butterlampen. Wie in allen Gebetsräumen der Klöster, gibt es nur ein schmales Oberlicht, unter dem der Altar steht. Ein Mönch saß da, murmelte Gebete, schlug ab und zu auf eine Trommel und ließ sich nicht stören.

Wenn wir ankommen, ist das wie ein Überfall: acht Leute, vollgepackt mit Kameras und Mikrofonen und Reflektoren. Alles Innenlicht im Film ist Reflektorlicht, das oft über drei Ecken in einen Raum hineingespiegelt werden mußte. Bei dieser einen Szene mußten wir noch Batterielicht dazunehmen. Einer steigt aufs Dach, einer steht im Hof und einer an der Tür, und keiner darf wackeln. Mauch macht einen Schwenk über die Gerippe bis zum Geshe. Der nimmt ein Buch heraus und gibt es

Wangchuck, dabei murmelt er irgendetwas. »Was hat er gesagt?« Keine Antwort. Wir drehen noch, wie Wangchuck mit dem Buch den Berg hinunterrennt. Ich frage Spalba noch einmal: »Was hat der Geshe da gesagt?« und höre: »Was ab jetzt passiert, dafür übernehme ich keine Verantwortung.« Im Camp zurück stürzt Wangchuck sich auf den Text, aber oh weh, der hat mit Mokading nichts zu tun.

Als Geshe am nächsten Tag wie üblich bei uns vorbeigeht und eine Tasse Tee bekommt, ruft ihn Wangchuck: »Geshe, was hast Du uns denn da für ein Buch gegeben?« Geshe lacht und sagt: »Ihr wolltet ja unbedingt ein Buch haben, da habe ich Euch halt irgendeins gegeben. Im Film ist es doch egal, was das für ein Buch ist« – ein erstaunlicher Satz für jemanden, der bis dahin mit der Welt der Medien noch nichts zu tun hatte.

Ich stellte immer wieder fest, daß es für Buddhisten gar kein Problem ist, sich in die Kategorien des Films hineinzudenken. Das hängt mit ihrer Philosophie zusammen. Für den Buddhisten ist ja das, was wir für Realität halten, ohnehin eine Illusion, eine subjektive Projektion unserer Wahrnehmung. Eine Übereinkunft, die wir über Tausende von Generationen hergestellt haben. Es gibt bei Ihnen keinen Gott, der die Welt geschaffen hat. Die Wirklichkeit ist die Manifestation unserer Vorstellungen, wie wir Filmemacher das auf der Leinwand auch tun. Und in der Tat gibt die Entwicklung unserer modernen Gesellschaft den Buddhisten recht, da unser Bewußtsein sich bereits stärker an dem ausrichtet, was im Fernsehen passiert, als an dem, was wir direkt erfahren. In ganz besonderem Maße richten sich danach unsere Führer, die Politiker. Buddha sagt sinngemäß:

»Wahrheit ist auch nur ein Floß, das man zurückläßt, wenn man den Strom des Lebens überquert hat.«

Auf dieser Grundlage wird der Unterschied zwischen der Realität, die wir zu sehen glauben, und der Realität des Films unerheblich: beides ist Illusion. Das kommt meiner Auffassung von Dokumentarfilm entgegen. Üblicherweise wird die Meinung vertreten, der Dokumentarfilm spiegele die Wirklichkeit wieder, was wiederum eine Illusion ist, weil technisch nicht möglich. Die Wirklichkeit ist eine total komplexe, nach allen Seiten offene Erfahrung; der Film ein künstliches Produkt der Montage subjektiv streng ausgewählter Realitätsschnippsel, die schon durch die Aufnahme selbst manipuliert wurden. Da ja auch der Dokumentarfilm nicht mit versteckter Kamera gedreht wird und das aufgenommene, und erst recht das gezeigte Filmmaterial, nur ganz bestimmte Sekunden aus der Realität wiedergibt, wird sie durch die filmischen Gestaltungsmittel, wie Betonung durch Nahaufnahme und Ausgrenzung durch Bildausschnitt, verzerrt. Deshalb sollte man nicht so tun, als könnte der Dokumentarfilm ein Abbild der Realität sein, sondern er ist ein Kunstprodukt, zusammengesetzt aus Bildern, die aus einer mehr oder weniger arrangierten Situation stammen, wie der Maler mit mehr oder weniger vorgemischten Farben sein Werk gestaltet. Wichtig für den Künstler sollte sein, was er ausdrücken möchte, worin die Motivation seiner Arbeit besteht.

Mit dieser Auffassung drehte ich auch die Szenen, die viele Zuschauer »als Spielfilm« erkannten und zum Teil empört waren, so etwas in einem Dokumentarfilm vorzufinden.

Die »Mokading«-Geschichte fand ihren Fortgang nämlich darin, daß Spalba, der ja die ganze Zeit dabei war, erst jetzt damit herausrückte, in seinem Heimatort Tiktse einen Magier zu kennen, der das Mokading noch praktiziere.

Aus produktionstechnischen und ökonomischen Gründen konnte ich es mir nicht leisten, sofort zu diesem Mann zu reisen, sondern mußte die Aufnahmen auf das Ende der Drehzeit verlegen, wenn es in Tiktse das berühmte Klosterfest geben würde, das es eventuell wert wäre, ebenfalls in den Film einzubauen.

In dem Vertrauen, daß dieser Magier das Mokading beherrscht und uns zeigen will, mußte ein Rahmen geschaffen sein, indem diese Magie zur Anwendung kommt. Hätte ich schon zu diesem Zeitpunkt mit dem Magier drehen können, wäre die »Liebesgeschichte« sicher anders ausgefallen, als wir sie beim damaligen Informationsstand über das Mokading uns ausdenken konnten. Da aber klar war, daß sich das Mokading darum dreht, eine Frau zu verführen, sollte wenigstens dies filmisch angedeutet werden. Daß es uns nicht gelingen würde, sozusagen live mitzudrehen, wie die Magie bei einer Frau wirkt, wenn sie den Impuls bekommt, ihrem Verführer entgegenzulaufen, leuchtet sowohl dem Laien als auch dem puristischsten Dokumentarfilmer ein. Also was tun?

Da ich Fernsehberichte nicht mag, in denen das Wesentliche vom Kommentator erzählt wird, mußte etwas gefunden werden, das mit den sonstigen Aufnahmen des Films zusammenpaßte.

Aus diesen Gründen gab es zu Choron, der jüngsten Tochter der Stragas, keine Alternative. Das Problem war nur: was

Choron hatte eine Filmrolle zu spielen, die ihr geheim blieb, wie die Magie, um die es dabei ging.

sagen wir ihr? »Laß' das nur meine Sorge sein«, sagte Wang-chuck. Da für die unverheiratete Choron Wangchuck ein sehr attraktiver Mann war, bereitete es ihm keinerlei Schwierigkeiten, sie zu den Aufnahmen zu bewegen, mit denen ich, so knapp es geht, den Rahmen für das Mokading-Tabu schaffen wollte. Ich hatte keine Skrupel, diese Liebesgeschichte so klischeehaft darzustellen, weil der Wahrheitsgehalt im Film ohnehin nicht in der Authenzität des einzelnen Bildes liegen kann, sondern in der Aussage, die ich mit den Bildern und ihrem Zusammenhang erreiche. Nachdem wir den Magier kennengelernt hatten, war es authentisch oder ehrlich darzustellen, daß es in Ladakh diese Magie gibt und daß sie mit einem religiösen, moralischen Tabu belegt ist, weil die Motivation für die Anwendung dieser magischen Kräfte nicht gut ist. Das ist es, was ich dokumentieren wollte, und ob ich es mit mehr oder weniger gestellten Bildern tue, ist zweitrangig, ohne Zweifel. Aber ich hätte es mit mehr Zeit, sprich Geld, besser machen sollen. Daran war aber bei meinem Etat und der noch verbleibenden Drehzeit nicht zu denken.

Beim Film geschieht überall auf der Welt alles unter Zeitdruck. Als Regisseur habe ich die Aufgabe, diesen Zeitdruck von der Szene, die ich gerade drehen will, abzuschirmen, so zu tun, als hätte es diesen Zeitdruck nie gegeben und würde ihn auch nie geben; sonst bekommt man keine »natürliche« Aufnahme in den Kasten. In Wirklichkeit war der Zeitdruck im Hinterkopf immens, denn von den 7 Wochen in Ladakh blieben vier übrig, um diesen 90-Minuten-Film zu drehen.

In jedem Himalajaführer kann man lesen, daß man krank wird, wenn man sich überanstrengt. In der dünnen Luft wird alles schwer, jeder Schritt, jeder Atemzug. Man ist nicht annähernd so leistungsfähig wie zu Hause. Aber die Produktionsbedingungen ließen es nicht zu, daß wir uns besonders stark schonten, so wurden, bis auf Mauch, alle krank, selbst Spalba, Ramesch und Rexin. Ich bekam Fieber, über 40 Grad, und konnte nur noch aus dem Zelt heraus Regie machen, indem ich kleine Storyboards zeichnete und auflistete, welche Einstellungen ich noch gedreht haben wollte.

Ständig sah es so aus, als müßten wir abbrechen. Die Kamera war auf dem Transport kaputt gegangen. Schon am ersten Tag fiel der Belichtungsmesser aus. Mauch half sich mit einem Taschenbelichtungsmesser. Er mußte also bei jeder Einstellung an die Gesichter herangehen und das Licht messen. Weit schlimmer aber war, daß der Timecode nicht mehr funktionierte. Das merkten wir am zehnten Tag.

Der Timecode regelt die Synchronizität. Er druckt jede Sekunde im Ton und im Bild die Uhrzeit. Beim Schneiden weiß ich dann mühelos, welches Bild zu welchem Ton gehört. Da wir nur weiterdrehen konnten, wenn wir wußten, daß die Kamera 25 Bilder pro Sekunde belichtet, hat Judith eine Digitaluhr hingestellt und die abgefilmt. Sie hat den Film in einer Dose entwickelt, und dann haben wir die Bilder ausgezählt: 4 Minuten Film und 25 Bilder pro Sekunde sind 6000 Bilder. Mit der Lupe konnte sie auf den kleinen 16-Milimeter-Bildern erkennen, wann der Sekundenzeiger überspringt. Mal waren es 18, mal 27 Bilder pro Sekunde, aber im Mittel stimmte es genau. Das hat uns erlaubt, weiterzudrehen.

Jetzt mußten wir also wieder mit Handklappen arbeiten. Bei Schauspielern macht es nichts, aber im Dokumentarfilm ist es eine zusätzliche Störung der Situation. Genau das hatte ich mit der Timecode-Kamera verhindern wollen. Kamera und Ton müssen, wenn es gut klappen soll, reibungslos kooperieren. Leider hat es zwischen Thomas und Alexis nicht geklappt.

Es passierte die tragisch-komische Geschichte, daß das Team mit zufälligen Passanten im Dorf die Interviews über Geshe drehen sollte und Judith für Mauch die Kamera fertig hatte und er mit Wangchuck loszog, ohne auf den Tonmann zu warten. Da er sogleich auf unseren Freund Punsok traf, wies er Wangchuck an, mit dem Interview loszulegen. »Der Trietschler (er meinte Alexis, der noch nicht zur Stelle war) ist selber schuld, wenn er mit dem Ton zu spät kommt«, war Mauchs Begründung für den fehlenden Ton. Ich kann heute darüber lachen, da ich selbst in Sikkim bei einem unwiederbringlichen Interview vergessen hatte, die Batterie im Mikro einzuschalten, und vor dem selben Ergebnis stand.

Zu Hause verbrachten die Cutterin und ich viele extra Tage im Schneideraum, um Ton und Bild in Übereinstimmung zu bringen: »Guck mal, die hat gerade Papier angefaßt, das muß doch geraschelt haben. Hör mal den Ton ab, ob es irgendwo raschelt.« Gute Cutterinnen können von den Lippen ablesen, was einer sagt, aber nicht, wenn Ladakhisch gesprochen wird.

Nach der Hälfte der Drehzeit hörten wir, daß Geshe sich darauf verstünde, Gold zu machen, und fragten ihn, ob er uns seine Kunst vorführen wollte. Er war ohne weiteres bereit dazu. Wir stiegen mit der Ausrüstung auf dem Zickzackpfad den Steilhang zu seiner Klause hinauf, und Geshe ging sofort ans Werk.

Was wir filmten, schien mir nichts anderes als eine Goldwaschung zu sein. Er trocknete den nach fünf Minuten gewonnenen Goldsand in der Kupferschale an der Sonne, und als er trocken war, glänzte er wie reines Gold. Zwischen den Fingern gerieben, blieb Gold an der Haut haften.

Der Geshe neben seinem Klausen-Stupa, oben am Berg,
wo wir übernachteten und von ihm beschützt wurden.

Ich schaute mir den Sack mit etwa 15 kg Sand an, der mir goldhaltig erschien. Ich steckte verschiedene Proben ein, die ich hier in der BRD dann dem Chemiker gab. Aber woher hatte er den Sand? Geologen, die seit 10 Jahren in Ladakh arbeiten, sagen, es gäbe dort keine Edelmetallvorkommen und schon gar kein Gold. Geshe sagt, er finde den Sand nicht weit von seiner Klause und auch an anderen Stellen. Schon in Tibet habe er diese Fähigkeit gehabt. Aus 10 kg Sand gewinne er 100 g Gold – so etwas gibt es nicht einmal in Südafrika.

Als ich die Ladakhis fragte, was sie glaubten, woher Geshe den Goldsand habe, zeigten sie sich daran uninteressiert. Sie glauben einfach daran, daß er diese Kraft besitzt, und rechnen ihm hoch an, daß er das Gold nie für seinen persönlichen Nutzen verwendet. Er schenkt es Klöstern zum Vergolden von Kunstwerken.

In Leh gibt es einen großen Tempel mit einem Goldstupa, der in einem Schrein steht. Ich habe noch am Tag vor unserem Abflug den Präsidenten der Buddhistischen Vereinigung Ladakhs gebeten, dorthin zu kommen, um ihn zu fragen, ob das ein Goldstupa ist. »Ja«, sagt er, »der ist aus Gold«. »Und wo kommt das Gold her?« Darauf antwortete er: »Vom Geshe. Er ist der einzige, der die Technik noch beherrscht, aus Sand Gold zu machen.«

Ich habe die Szene nicht verwendet, weil es nicht darum geht, Beweise zu erbringen, sondern darum, den Glauben der Menschen zu dokumentieren. Die Tatsache, daß die Degussa in einer atomspektrographischen Analyse meiner Proben später feststellte (siehe nächste Seite), daß in diesem »Gold« kein Quentchen Gold enthalten ist, ist kein Tatbestand, der für den Film wesentlich ist. Nur für unsere Goldgier hat es eine Bedeutung, ob es echt ist oder nicht. Dem Geshe, der sich, wie die Ladakhis, über den goldenen Glanz freut, ist es völlig einerlei, daß er mit seinem Gold kein Geschäft machen kann. Wichtig ist nur, daß er in seinem Dorf eine hohe moralische Autorität ist und seine Anwesenheit als Segen erfahren wird.

Diese besondere Energie ließ Geshe auch uns zukommen. Nach der Goldszene blieben Thomas, Alexis und ich oben auf

Degussa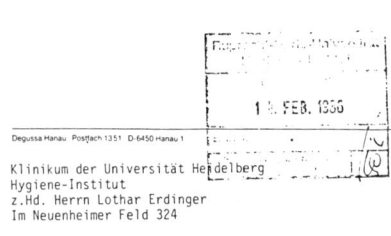

Geschäftsbereich
Technische Metallerzeugnisse

Geschäftsgebiet Edelmetallerzeugnisse
und Sondermetalle

Degussa Hanau · Postfach 1351 · D-6450 Hanau 1

Klinikum der Universität Heidelberg
Hygiene-Institut
z.Hd. Herrn Lothar Erdinger
Im Neuenheimer Feld 324

6900 Heidelberg 1

Degussa AG Zweigniederlassung Hanau	
Hanau	Leipziger Straße 10
Telefon	(06181) 369-0
Telegramme	Degussarechmet Hanau
Telex	4 15204-70/71 dh d
Bank	(BLZ 500 107 00) 392030
	Degussa Bank GmbH, Frankfurt
Postgiro	(BLZ 500 100 60) 1205-603
	Frankfurt
Geschäftszeit	montags - freitags 8.00 - 16.00

1873 gegründet als
Deutsche Gold- und Silber-Scheideanstalt

Ihre Zeichen	Ihre Nachricht vom	Unsere Zeichen	Telefon-Durchwahl	Datum
		TM-ES A/Dr.Dü-rd	369-417	12.02.1986

Sehr geehrter Herr Erdinger,

leider kann ich Ihnen nur die enttäuschende Mitteilung machen, daß sich
in keiner der mir überlassenen Proben, selbst nicht in der mit "Gold"
bezeichneten, gemäß beigefügtem Analysenschein einer qualitativen
spektralanalytischen Untersuchung dieses Element auch nur in Spuren
nachweisen ließ.

Aus reiner Neugierde habe ich mir das "Gold"-Muster einmal unter dem
Binokular betrachtet und dabei festgestellt, daß es sich bei den
Teilchen um bräunlich gefärbte, aber durchsichtige Plättchen handelt,
die mit Glimmer große Ähnlichkeit haben. Danach dürfte es sich um ein
Silikat handeln, was auch die Analyse bestätigt. Wenn mich meine mine-
ralogischen Kenntnisse nicht im Stich lassen, so könnte es im Endeffekt
eine sogenannte Hornblende sein, ein Mg-Silikat, dessen bräunliche bis
schwarze Färbung von Fe-Gehalten herrührt.

Ich hoffe, Ihnen hiermit geholfen zu haben und bedanke mich für die
Überlassung der "Gold"-Probe.

Mit freundlichen Grüßen

Dr. Dübler

Anlage

94

dem Berg, um am nächsten Morgen den Sonnenaufgang zu
drehen. Wir schliefen vor seiner Klause in Schlafsäcken. In der
Nacht schritt Geshe, Mantras murmelnd, um uns herum, wie
eine Mutter, die für ihre Kinder sorgt. Noch heute überkommt
mich ein Gefühl völliger Geborgenheit, wenn ich mich daran
erinnere.

Als ich den fünften Tag mit 40 Grad Fieber im Zelt lag, haben
die Frauen des Teams entschieden, ich müsse ins Krankenhaus
nach Leh. Geshe hatte zwar mal reingeschaut, mir ein paar
Kügelchen und essigsaure Tonerde gegeben, aber dies hatte
nichts geholfen – kein Wunder, denn ich hatte, was ich erst nach
der Rückkehr erfuhr, Typhus. Halb in Trance lief ich gute zwei
Stunden das Tal hinunter, fast vom ganzen Team begleitet. Es

war die bezauberndste Morgenstimmung, die wir je erlebt haben.

Mit dem Bus fuhr ich nach Leh und legte mich in ein Hotelzimmer. Nach den Erzählungen von Judith über das Krankenhaus war mir das lieber. Sie hatte Blut im Stuhl gehabt, so daß ich sie von Spalba in einem Jeep nach Leh ins einzige Krankenhaus bringen ließ. Sie war in einen Raum gekommen, in dem 23 Frauen lagen. Es brannte nur eine Kerze. Strom gab es nicht. Der Generator wurde nur einmal in der Woche für Operationen angeworfen. Auch kein fließendes Wasser. Eine Waschschüssel wurde gelegentlich vom Pfleger neu aufgefüllt, darin wusch sich dann eine Frau nach der anderen. Viele Frauen hatten Durchfall, und in der Ecke stand ein Eimer... Dort lag Judith acht Tage. Ich fuhr jeden Tag mit dem Taxi zum Arzt, und er gab mir Medikamente. Nach fünf Tagen war ich wieder einigermaßen auf den Beinen.

Als ich den Weg nach Spoa hinaufging, kamen mir die ersten Träger mit unserem Gepäck entgegen. Mauch hatte entschieden, in Spoa abzubrechen! Ich war nicht in der Verfassung, zu kämpfen. Mit welchen Argumenten, was wollte ich noch drehen?

Mauch hatte mir ohnehin vorgeworfen, der schlechteste Regisseur seiner Laufbahn zu sein, weil ich keine Einfälle hätte. Ich hielt ihm entgegen, daß mir Zufälle wichtiger seien, aber so etwas ist ohne Bedeutung für ihn. Er sagt auch heute noch: »Du hast ja nur Glück gehabt«.

Oft mußte ich auf die Frage: »Was hast Du vor?« passen, weil ich nichts erzwingen wollte, denn alles, was ich mir ausdenke oder forciere, entspringt meinem Bewußtsein; ich aber war auf der Suche nach dem mir unbekannten Bewußtsein. Also muß ich warten können und mich aufmachen, so daß es zu mir kommen kann und ich es zumindest soweit erkenne, daß ich das Team dazu motivieren kann, zu arbeiten. Als Dokumentarfilmer lebe ich davon, daß ich nicht weiß, was passieren wird, aber ich habe das Gespür, jetzt kommt etwas, das ich gedreht haben möchte, aber bitte frage mich nicht, was. Wenn ich das vorher genau herauskriegen soll, ist das Ding gelaufen.

Das Team, unterwegs und in der Pause; oft fertig,
körperlich und psychisch.

Wir brachen also auf nach Tiktse zum Klosterfest. Aber vorher mußten wir noch den Magier finden, in Spalbas Dorf, unweit von Tiktse. Wir kamen am Nachmittag an, und es hieß, er sei drüben, auf der anderen Seite des Indus. Also mußten wir weit mit dem Jeep den Fluß hinabfahren, bis wir zu einer Brücke kamen, und auf der anderen Seite wieder zurück. Als wir in dem Dorf ankamen, war es schon finster. Wir tappten in der Dunkelheit herum, sprangen über Bäche und Felsen, es wurde immer wilder, und als wir bei dem Haus ankamen, hieß es, er sei weg, jetzt sei er in dem Haus da oben. Ein kleines Licht half uns bei der Orientierung, wir liefen hinauf, und da hieß es wieder: »Ja, er war hier, jetzt könnte er dort und dort sein.« Dasselbe Spiel noch zweimal, dann ging mir die Puste aus.

Am nächsten Tag sind wir wieder losgefahren und haben ihn nicht gefunden. Der Mann arbeitete als Astrologe, Hellseher und Heiler, und es schien, als wollten die Leute möglichst nicht merken lassen, daß sie sich seiner Dienste bedienten, weil er Magie betrieb. Langsam wurde ich nervös, die Zeit rann uns durch die Finger. Plötzlich kam die Nachricht, daß er morgen an der und der Kreuzung sei. Wir fuhren mit dem Jeep hin, und tatsächlich, da stand er. Ich war fasziniert von seiner tiefgründigen Ausstrahlung. Als er bei uns ankam, war schon alles fertig zum Drehen.

Es war ihm sichtlich unangenehm, über »Mokading« befragt zu werden. Ich glaube, wir haben ihn überfahren. Wir Westlichen, mit unserer starken Ego-Energie, können in Ladakh fast alles durchsetzen, was wir wollen, weil die Leute nicht gewohnt sind, daß einer so hereinbricht mit seinem Willen. Schon nach einer halben Stunde der Begrüßung mit Tee, Plauderei und Gebäck war er bereit, uns das Ritual zu zeigen. Er hatte tatsächlich das richtige Buch. Es war alt und abgegriffen, mit wunderbaren, farbigen Grafiken und astrologischen Tabellen. Wangchuck konnte darin lesen und war nun endlich am Ziel seiner Wünsche.

Ich hätte gern noch viel Zeit mit diesem Magier verbracht. Er schien ein gewaltiges Wissen zu haben. Sobald wir die Szene mit ihm gedreht hatten, zog er seine Turnschuhe an und suchte das Weite.

Das Klosterfest von Tiktse zieht alljährlich viele hundert Menschen aus dem ganzen Land an. Sie unternehmen tagelange, beschwerliche Reisen, um daran teilzunehmen, so auch Großvater Straga, 70, und Fargo, der Großvater von Wangchuck, 73 Jahre alt. Ein solches Fest ist eine Verdichtung spiritueller Energie, die die Menschen als Segnung erfahren. Ein Höhepunkt des Festes ist der Auftritt des Orakels. Nachdem es hoch oben am Rand des Klosterdaches wild herumgetanzt hat, wirbelt es unten im Klosterhof durch die Menge. Wirft man ihm einen Katak um, so hält es einen Augenblick an, und man kann ihm eine Frage stellen, die es wie aus der Pistole geschossen beantwortet. Dann reißt es sich los und tanzt weiter.

Nach dem Orakelauftritt kamen die Maskentänze. Die verschiedenen Masken, die Fülle der Details in den Brokat- und Seidengewändern, die Arm- und Fingerbewegungen, das Schreiten und Trippeln, die ritualisierte Musikbegleitung mit Trommeln und Hörnern – alles hat exakte Bedeutungen.

Für uns ist diese Sprache nicht verständlich, aber dennoch werden wir von der Stimmung des Festes ergriffen. Es war zu spüren, daß für die Menschen hier Lebensfreude und Bewußtsein des Todes, Humor und religiöse Ehrfurcht nicht auseinanderfallen.

Am 7. Oktober, unmittelbar nach dem Festival, sind wir zurückgeflogen. Zu Hause angekommen, schien alles in eine merkwürdige Distanz gerückt zu sein. Na ja, dachte ich, die Seele ist eben nicht so schnell wie das Flugzeug, aber ich hatte einen Typhus-Rückfall.

Und wieder war es so, daß diese erzwungene Pause richtig kam. Wenn ich krank bin, zieht sich mein Ego zurück. Es mag mich dann nicht, und ich kann die Dinge besser sehen, wie sie sind. Dazu bekam ich nun wieder viel Zeit. Durch das lange, fiebrige Liegen mit dem Typhus kam noch eine Thrombose dazu, so daß es zwei Monate wurden, die ich im Krankenhaus verbringen durfte. Da ich die meiste Zeit auf der Quarantäne-

Station lag, konnte ich auch keinen Besuch erhalten. Im Gepäck nach Ladakh hatte ich das Buch von Ken Wilber »Halbzeit der Evolution« dabei; nun hatte ich die Zeit, es zu studieren, und ich war dankbar dafür, denn ich fand darin den Zusammenhang für das, was ich in Ladakh erfahren hatte. Um den Film zu schneiden, mußte ich mir klar darüber werden, was ich sagen will. Der Dokumentarfilmer kann sich nicht darauf zurück ziehen, zu sagen, ich zeige das, was ich gesehen habe, und ich bin sozusagen bloß der Mittelsmann, was die Aussage angeht, wasche ich meine Hände in Unschuld. Mit dieser Haltung ließen sich auch die größten Schweinereien auf die Leinwand bringen, wie geschehen in »Adio Afrika« oder anderen Dokumentarfilmen. Als Filmemacher habe ich ein Instrument in der Hand, Leute zu manipulieren. Damit muß ich verantwortlich umgehen, d. h., man muß Verantwortung für die Wirkung seines Filmes auf sich nehmen und kann sich nicht dahinter verstecken, »die dokumentierte Wahrheit« zu zeigen. Das ist nicht nur naiv, sondern scheinheilig und zynisch. Ausschlaggebend muß die Motivation sein, da es die »Wahrheit« im Film sowieso nicht gibt. Wenn die Motivation stimmt, stimmt auch der Film. Die Buddhisten sagen, daß der zentrale Punkt deiner Motivation das Mitgefühl für alle Lebewesen sein muß.

Von alledem hatte ich vor dem Ladakh-Film keine Ahnung, aber nun im Krankenhaus klärten sich die Bilder, und es kostete mich keine Schwierigkeit, mit Agape Dorstewitz, der Cutterin, den Film so zu schneiden, wie er zu sehen ist. Deshalb bin ich dankbar für meine Krankheiten, selbst dafür, daß ich einen Wirbel verloren hatte, womit wir wieder am Anfang dieses Berichtes angelangt wären.

4. KAPITEL

Ladakh – eine Übersicht

von Gabriele Kuby
nach den Erzählungen
von Clemens Kuby

Da gibt es einen Flecken auf unserer Erde, hoch oben im Himalaja, dem Himmel nahe, Wüste, Berge, hochaufragende, schneebedeckte Gipfel, tief eingeschnittene Täler, darin eingebettet Oasen. Wüste und Grün stoßen ohne Übergang zusammen. Das Licht schafft überklare Konturen. Die Luft ist dünn und sehr trocken, das Klima hart.

Acht Monate dauert der Winter, und Winter heißt 20 bis 40 Grad unter Null, pfeifender Wind, unpassierbare Straßen, weil die Pässe zugeschneit sind. Im Sommer starke Hitze, aber nur dort, wo die Sonne unmittelbar hinscheint, und nur am Tag. Im Schatten können es 20 Grad weniger sein, und die Nächte sind auch im Sommer kalt.

Von diesem Flecken Erde kommt die Kunde, die Menschen seien dort glücklich. Immer wieder wird es behauptet von Reisenden und Forschern, die sich dort hinauf gewagt haben; und die Bilder des Films bringen Bestätigung.

Wenn das wahr ist, woran liegt es? Wie haben die Menschen sich in dieser übermächtigen, abweisenden Natur eingenistet? Wie kommen sie miteinander aus? Welche Welt- und Wertvorstellungen haben sie?

Ladakh gehört zu den höchsten bewohnten Gebieten der Erde. Die Hauptstadt Leh liegt 3500 Meter hoch und viele Siedlungen über 4000 Meter, inmitten von Bergen, die noch einmal so hoch aufragen. Im Osten grenzt das Land an Tibet, das seit 1958 von China besetzt ist, im Nord-Osten direkt an

Ladakh – ein kurzer Sommer.

China, im Nord-Westen an Pakistan und im Westen und Süden an Indien. Im Spannungsfeld dieser Länder und Kulturen, am Kreuzungspunkt ihrer Interessen liegt Ladakh – ein Land, in dem es nichts zu holen gibt und das der menschlichen Existenz nichts Einladendes zu bieten hat.

Immer wieder haben sich die Grenzen Ladakhs verschoben. So weit die Geschichte zurückzuverfolgen ist, war es Aggressionen seiner Nachbarländer ausgesetzt. Waren es früher lokale Scharmützel, welche die Menschen kaum dazu zwangen, ihre Lebensgewohnheiten zu ändern, so hat sich die Situation in diesem Jahrhundert grundlegend gewandelt: Ladakh, das seit 1834 der indischen Regierung untersteht, ist ins Spannungsfeld der Großmächte geraten, auf der einen Seite Indien-Sowjet-union, auf der anderen Seite Pakistan-China. Seit dem Rück-zug der Engländer aus Indien verteidigt Indien hier oben seine Grenzen gegen Pakistan und China mit einem stehenden Heer von 30 000 Mann.

Dafür haben die Inder einen Flugplatz angelegt und die Straße von Srinagar nach Leh, 434 km lang, ausgebaut. Mit dem Jeep kann man die Strecke heute in einem Tag schaffen, mit dem öffentlichen Bus dauert sie zwei Tage, mit Zwischen-station im muslimischen Kargil. Die Straße windet sich über den Zoji-la-Paß, 3500 Meter hoch, und zuletzt über den Potu-la, von dessen 4200 Metern man auf die Oase des Klosters Lamayuru herabblickt.

Vorher konnte man diese Strecke nur auf Saumpfaden mit einer Karawane von Trägern und Lasttieren zurücklegen, ein abenteuerliches Unternehmen, das zwei Wochen dauerte.

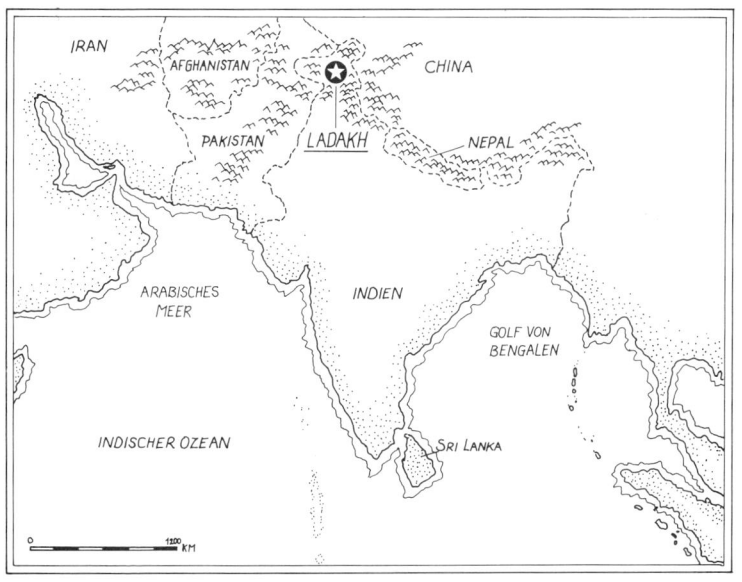

Die großen Himalajareisenden und Forscher des 19. und beginnenden 20. Jahrhunderts, denen wir reiche Informationen über Ladakh verdanken, haben diesen Weg genommen: der Münchner Hermann von Schlagintweit (*Reise in Indien und Hochasien*, 4 Bände), der schwedische Asienreisende Sven Hedin (*Transhimalaja*), der große deutsche Tibetologe A. H. Francke und der Sprachforscher Jäschke, um nur die wichtigsten zu nennen. Francke und Jäschke waren auch als Missionare in der Herrnhuter Mission in Leh tätig, die in fünfzig Jahren nur etwa hundert Ladakhis zum Christentum zu bekehren vermochte.

Zu dieser Zeit wurden auch noch die alten Karawanenstraßen benützt, die seit Urzeiten die Völker Chinas, Tibets und Indiens miteinander verbunden haben. Das britische Ehepaar A. Reeve und Kathleen Heber, das sich zu Beginn unseres Jahrhunderts in Ladakh aufhielt, beschreibt den Basar in Leh so:

Der Markt füllt sich mit allen möglichen Menschen. Da sind die hübsch anzusehenden Jarkandis, die schlitzäugige Tibeter über den Haufen rennen. Dort macht ein Kulu oder sein Nachbar aus Lahul Geschäfte mit einem Hirten aus Balistan, Kaschmir oder den nördlichen Provinzen Indiens. Aus dem hohen Norden bringt der Jarkandi Teppiche in leuchtenden Farben, die Felle des Schneeleoparden, Fuchs, Wolf, Steinmarder und Biber, Seide aus Khotan und dicke Filzmatten. Er benötigt mehr als einen Monat im schwierigsten Gebiet, um nach Leh zu kommen; oft findet er seinen Weg nur, weil er mit den Skeletten von Menschen und Tieren markiert ist. Hat der Jarkandi seine Waren verkauft, reist er weiter in den Süden, um Stoffe zu erwerben, die er nach Hause mitnimmt, um auch dort sein Geschäft zu machen.

Da sind die Tibeter, die die Baltis zu überreden versuchen, ihre getrockneten Aprikosen und die Butter zum Kochen gegen Salz, Borax und Tee aus Lhasa zu tauschen.

Die Nomaden aus Tschangtang bringen die federleichte Wolle ihrer langhaarigen Schafe, die die Kaschmiris ins Tal mitnehmen, um daraus die berühmten Schals zu weben.

Man soll sich den Markt im Herbst anschauen, wenn am intensivsten gehandelt wird; wenn der Verkehr zum Stillstand kommt, weil die Waren ausgebreitet auf der Straße liegen und selbst Fußgänger nur mit Mühe ihren Weg finden, da die Völker aus aller Herren Länder neben ihren Waren ihre Yaks, Dzos, Esel, Pferde und Maultiere angebunden haben.*

Heute führen die Straßen in Richtung China und Tibet an geschlossene Grenzen, und statt Seide und Teppichen gibt es Jeans und Radios auf dem Basar in Leh zu kaufen.

Zwischen Tibet und Ladakh bestanden tausend Jahre lang die engsten Beziehungen. In Ladakh wird ein westtibetischer Dialekt gesprochen, und seine Religion und Kultur sind tibetisch geprägt. Daß Lhasa 2000 Kilometer von Leh entfernt ist, war dafür kein Hindernis. Die Fußreisen wurden vorzugsweise im Winter unternommen, wenn die Flüsse zugefroren waren und mit Pferden und Yaks als Wege benützt werden konnten.

Die Herzschlagader Ladakhs ist der Indus, der »Löwenfluß«, der am heiligen Berg Kailas entspringt und bis Leh 500 Kilometer zurückgelegt hat. Das breite Industal mit seinen Seitentälern, 80 Kilometer flußaufwärts von Spituk über Leh bis Lamayuru, ist das Kernland des alten Ladakh, in dem sich die buddhistische Kultur bis heute rein erhalten hat. Je weiter man von dort nach Westen reist, um so stärker wird der Anteil der muslimischen Bevölkerung, und jenseits von Kargil finden sich keine Zeichen buddhistischer Kultur mehr.

Nur etwa 16 Prozent der Landesfläche sind kultiviert, der Rest ist Wüste. Auf kleine Oasen verteilt, leben etwa 100 000 Menschen, statistisch ausgedrückt: einer pro Quadratkilometer. Der Weg von einem Dorf zum andern ist weit und beschwerlich. Den Ladakhis macht das nichts aus. Sie sind daran gewöhnt, weite Entfernungen zu Fuß zurückzulegen.

---

* Zitiert nach Heinrich Harrer: *Ladakh. Götter und Menschen hinterm Himalaja.* Innsbruck 1978

Der Zanskar (von links) fließt hier in der Mitte Ladakhs
mit dem Indus zusammen

Die Ureinwohner dieser Gegend waren mongolisch-tibetische Nomaden, die mit ihren Schaf-, Ziegen- und Yakherden die Hochebenen des Himalaja durchstreiften, und von denen einige bis heute diese Lebensweise nicht aufgegeben haben. Hinzu kamen die Mon aus den südlichen Gegenden des Himalaja und die Darden aus Baltistan, ein Stamm indo-europäischer Abstammung.

Diese und andere Stämme haben sich zusammengerauft, sind Bauern, Hirten, Mönche oder Händler geworden und haben ein Auskommen mit der Natur und miteinander gefunden, das sich Jahrtausende lang bewährt hat.

Was wir im folgenden schildern, bezieht sich auf einen Gesellschaftszustand, in dem die Verführungskraft des westlichen Fortschritts schon wirkt wie Hefe im Teig. In Tälern und Dörfern, die abseits der Autostraßen liegen, haben sich die traditionellen Verhältnisse noch beinahe ungebrochen erhalten können.

Die Existenzfrage in Ladakh ist das Wasser. Ohne den Indus und die Gletscherbäche könnte nichts wachsen, denn es regnet so gut wie gar nicht. Ihre Feuchtigkeit laden die Wolken vom indischen Kontinent an den ersten Gebirgszügen des Himalaja ab. Auch im Winter bedeckt der Schnee nur wie Puderzucker die Landschaft.

Es wächst nur dort etwas, wo das Wasser hingeleitet wird, und das nur vier Monate im Jahr. Auf diesem kargen und spärlichen Boden haben die Ladakhis ein autarkes landwirtschaftliches System aufgebaut. Das, was zum Leben unerläßlich ist, produziert ein ladakhischer Bauer auf seinem Hof: Getreide für Mensch und Tier, Gemüse, Milch, Fleisch, Wolle und Brennstoff. Die Wolle wird im Haushalt gesponnen, das Tuch gewebt und die Kleider genäht. In jedem Dorf gibt es einen Zimmermann und einen Schmied.

Es wird vor allem Gerste angebaut, aber auch Weizen und Buchweizen. In den wärmeren Tälern reifen Aprikosen, Äpfel und Walnüsse. Gemüse gibt es wie bei uns: Kartoffeln, Erbsen, Rettiche, Zwiebeln, Tomaten, Kohl und Blumenkohl. Was das Land in vier Monaten hergibt, muß zwölf Monate reichen. Nichts darf verschwendet werden, kein Stückchen Erde, kein Tropfen Wasser.

Aprikosen, Äpfel, Tomaten und anderes werden getrocknet – in Ladakh die geeignete Methode der Konservierung, da die Luft trocken und die Sonne im Sommer stechend heiß ist.

Das Hauptnahrungsmittel ist Tsampa, ein fester Brei aus gedörrter und gemahlener Gerste. Ein nicht unerheblicher Teil der Gerste wird zu Bier verbraut, dem ladakhischen *Chang*, das im Geschmack unserem Most ähnelt. Aus der fetten Milch der Yaks wird vor allem Butter gewonnen, unentbehrlich für den tibetischen Tee: Schwarzer Tee wird in Soda zehn Minuten lang gekocht. Diese Mischung wird ins Butterfaß gegossen und mit reichlich Butter und Salz gestampft. Dieses bouillonähnliche Getränk wird mehrmals täglich genossen.

Wie die Tibeter essen die Ladakhis keinen Fisch, und Fleisch nur in der kalten Jahreszeit. Wenn die Herden verkleinert werden müssen und Fleisch notwendig ist, um den Winter zu überstehen, werden Ziegen und Schafe geschlachtet, selten auch ein Yak. Der Dauerfrost macht das Fleisch haltbar. Das Schlachten widerspricht dem buddhistischen Gebot der Gewaltlosigkeit. Es wird deswegen den Mönchen eine Fleischspende überbracht, die als Gegenleistung reinigende Gebete sprechen.

Das wichtigste Tier ist der Yak, der tibetische Grunzochse, ein langhaariges, buckliges, mittelgroßes Rind, absolut genügsam und höhenunempfindlich. Der Yak ist den Ladakhis ein Freund. Er trägt Lasten und Menschen, zieht den Pflug und drischt das Getreide. Er spendet fette Milch und grobe Wolle für Teppiche und Zelte. Sein Dung ist das wichtigste Brennmaterial, sein Urin hochwirksames Desinfektionsmittel. Und schließlich wird sein Fleisch gegessen, wenn es keine andere Wahl mehr gibt.

Außer dem Yak gibt es das Dzo, eine Kreuzung von Hausrind und Yak, ähnlich unserem Maultier. Ferner robuste, schnelle Ponys, Esel, Schafe, Ziegen und zahllose Hunde, die herrenlos in den Straßen herumliegen und nachts ununterbrochen kläffen. Es gilt als besondere Schmach, als Hund wiedergeboren zu werden.

Man möchte nicht glauben, daß in den Geröllhalden und zerklüfteten Felsen wilde Tiere leben können, aber es gibt sie: Steinböcke, Antilopen und Wölfe, das gewaltige Wildschaf Ovis Ammon und den fast ausgestorbenen, königlichen Schneeleoparden. In den Höhen kreisen Adler.

Häuser werden grundsätzlich nur an Stellen gebaut, an denen der Boden nichts hergibt. Sie kleben an steinigen Hängen oder Felswänden, die oft eine Wand ersetzen. Sie sind geräumig, meist zweistöckig, mit kleinen, unverglasten Fenstern, die nur mit Läden geschlossen werden können. Als

Baumaterial dienen sonnengetrocknete Lehm- oder Dungziegel und Stein.

Da es so gut wie keine Wälder gibt und von Natur aus nie gegeben hat, ist Holz eine Kostbarkeit. Weide, Pappeln und Birken werden angepflanzt. Bevor ein Baum gefällt wird, wird ein Mönch oder Astrologe befragt, um sicher zu gehen, daß kein Naturgeist daran Anstoß nimmt.

Wie halten Menschen einen Winter aus, der acht Monate dauert, bei Temperaturen bis vierzig Grad minus?

Sie ziehen in die Winterküche, einen Raum im Erdgeschoß, in der Mitte des Hauses, über dem Stall. Das Licht kommt durch eine kleine Öffnung in der Decke, denn über der Küche befindet sich die Innenterrasse des Hauses im ersten Stock. Diese Winterküche ist groß, acht mal sechs Meter oder mehr, und hat einen Holzfußboden; hier brennt das einzige Feuer mit

Mit Geschichtenerzählen und Debatten werden in ladakhischen Dörfern die gesellschaftlichen Probleme gelöst.

getrocknetem Dung und »wärmt« den Raum oft nur bis an den Gefrierpunkt. Alles findet hier statt: Kochen, Essen, Besuchempfangen, und je nach den Verhältnissen wird hier auch geschlafen. Da der Rauch oft nicht richtig abzieht, gehören Augenentzündungen zu den chronischen Krankheiten. Das Klo ist im ersten Stock. Die Fäkalien kommen im Sommer als Dünger auf die Felder.

Einen Großteil der langen winterlichen Mußezeit verbringen die Ladakhis mit Geschichtenerzählen, eine Kunst, die in Ladakh zu hoher Blüte gekommen ist. Seit es allerdings in jedem Haushalt ein Radio gibt, ist diese Tradition der mündlichen Überlieferung bedroht. Die Radiostation in Leh holt sich die besten Erzähler von den Dörfern ans Mikrophon, so daß die Familie nicht mehr dem Opa, sondern dem Radio zuhört.

Der Winter ist auch die Zeit des Festefeierns. Man hat Zeit, sich zu besuchen. Wenn Ladakhis feiern, ist das eine Sache von mehreren Tagen oder gar Wochen. Mit Bier, Schnaps, Musik und vielen Menschen wird die Kälte erträglicher. Ende Oktober wird das ladakhische Neujahrsfest vierzehn Tage lang gefeiert mit Fackelzügen, Pferderennen und religiösen Tänzen. Der Oktober ist auch die bevorzugte Zeit fürs Heiraten. Im Januar folgt das tibetische Neujahrsfest, auch Königsneujahr genannt. In verschiedenen Klöstern werden Maskentänze veranstaltet und Orakel treten auf. Das Ende des Winters wird mit Pfeilwettschießen begangen und die Saatzeit mit religiösen Zeremonien auf den Feldern eingeleitet.

Ladakhis tragen im Winter und Sommer die gleichen Kleider, dicht gewebte wollene Mäntel. Werden sie nach der Wäsche zum Trocknen ausgebreitet, so könnte man man glauben, sie gehören Riesen: Ärmel und Beine sind bis zu zwei Meter lang – ein Schutz gegen die Kälte: beim Tragen falten sie sich wie eine Ziehharmonika zusammen und bilden eine Isolationsschicht, die auch die Hitze erträglicher macht. In den Taschen dieser Mäntel steckt alles, was ein Ladakhi im Alltag braucht: Feuerstein und Zunder, ein Messer, einen Löffel, Nähwerkzeug und, das Wichtigste, eine hölzerne Tasse. Die Schuhe sind aus dickem roten Filz, oft bunt bestickt, mit Ziegen- oder Schafsledersoh-

Zum Feiern haben die Ladakhis jeden Monat mindestens zwei Anlässe, und im Winter dauert manches Fest 2–3 Wochen.

len. Im Winter wird als Wärmeschicht Stroh hineingestopft. Westliche Schuhe gehören zu den begehrtesten Zivilisationsgütern. Sie werden getragen, bis sie abfallen.

Die Frauen tragen unter schwarzen Jacken bunte, wadenlange Röcke und Beinkleider. Den Rücken wärmen sie sich mit einem Schaffell – den Pelz nach innen gewendet – das sie, je nach Bedarf, als Sitzkissen, Unterlage für kleine Kinder und Zudecke verwenden.

Die typische Kopfbedeckung der Ladakhis sind zylinderartige Hüte mit seitwärts abstehenden Ohrenklappen, die mit Lammfell gefüttert sind. Bei festlichen Anlässen legen die Frauen ihren *Perak* an, einen prächtigen Kopfschmuck, der über und über mit Türkisen besetzt ist.

Eine Familie ist so fest an ihr Haus gebunden, daß der Hausname als Nachname dient. Es leben meist drei Generationen zusammen, zehn Menschen und mehr. Sobald der Hof bei der Heirat des ältesten Kindes diesem übergeben wird, beziehen die Großeltern das Altenteil, im Haupthaus oder daneben; wichtig ist, daß sie über ihre eigene Küche verfügen.

Es gibt – sieht man von den neuen Möglichkeiten ab, in Leh oder in der Armee zu arbeiten – nur zwei Gründe, den eigenen Haushalt zu verlassen: Heirat in einen anderen Haushalt oder Eintritt in ein Kloster. Da das kultivierbare, das heißt bewässerbare Land nicht beliebig vergrößerbar ist und die Möglichkeit, sich außerhalb der Grenzen Land anzueignen, für den Ladakh nicht in Frage kommt, mußte eine Lebensweise gefunden werden, bei der die Bevölkerung konstant bleibt.

In der Tat ist sie die letzten 120 Jahre nahezu gleich geblieben, wie aus der indischen Volkszählung von 1971 und dem Material des englischen Forschers Cunningham aus dem letzten Jahrhundert hervorgeht. Eine Ursache ist die hohe Kindersterblichkeit. Es gibt darüber keine Erhebungen, aber es kommt sicherlich häufig vor, daß kleine Kinder den harten Lebensbedingungen nicht standhalten können.

Die ladakhische Lösung des Bevölkerungsproblems ist die Polyandrie und das Kloster. Polyandrie heißt: eine Frau kann mehrere Männer haben. Heiratet zum Beispiel der älteste Sohn und holt seine Frau ins Haus, so wird sie vom zweiten Bruder mitgeheiratet, der dritte geht ins Kloster. Die Ladakhis haben keine fixierten Vorstellungen, welche Art von Ehe erlaubt ist und welche nicht. Man paßt sich den Umständen an unter der Voraussetzung: das Land wird nicht geteilt. So gibt es Polyandrie, Monogamie, auch in seltenen Fällen Polygamie, falls einmal eine Schwester mit untergebracht werden muß, oder eine Frau keine Kinder bekommt. Auch können mehrere Geschwister im elterlichen Haushalt Familien gründen, falls das Land alle ernähren kann. In der Regel erbt der älteste Sohn, es kann aber auch die älteste Tochter sein, zu der dann der Ehemann ins Haus zieht. Alle Kinder werden dem Mann Nr. 1 zugeordnet; sie haben »große« und »kleine« Väter, was sich in der Anrede ausdrückt. Auch außereheliche Kinder können gelegentlich mit unterschlüpfen. Wenn ein Mann auf

Reisen war, soll das »Fensterln« unter Vettern ein nicht unüblicher Brauch gewesen sein.

Scheidung kommt selten vor, ist aber möglich, wie auch die Wiederverheiratung danach. Der Ehepartner, der in die Familie eingeheiratet hat, kehrt mit seiner persönlichen Habe in den elterlichen Haushalt zurück. Zur Abfindung bekommt der Mann ein altes Pferd, die Frau eine Kuh, die gerade noch so viel Kraft haben müssen, daß sie um den Misthaufen herumgehen können.

Im letzten Jahrhundert sollen die Ehen zu ungefähr einem Drittel polyandrisch gewesen sein. Seit die Inder 1941 die Polyandrie verboten und mit Strafe belegt haben, scheint diese Art des Zusammenlebens auf den ersten Blick verschwunden. Hat man das Vertrauen der Ladakhis gewonnen, so macht man die Erfahrung, daß bewährte Sozialformen nicht so leicht zerstört werden können.

Die jungen Mädchen und Frauen sind anmutig, ihr Verhalten von Offenheit geprägt. Im Vergleich zu muslimischen Frauen ist die ladakhische Frau eine Königin, sie muß keinen Schleier tragen, darf öffentlich auftreten und hat weitgehend die gleichen Rechte und Pflichten wie der Mann. Es gibt eine gewisse Arbeitsteilung, die den westlichen Normen ähnelt, Frauen schlachten nicht, pflügen nicht und fällen keine Bäume; täten sie es, so würden sie den Zorn der zuständigen Götter auf sich ziehen.

Zwar wird eine Frau nur dann Haushaltsvorstand, wenn weder ein Ehemann noch ein Bruder der Frau vorhanden sind; die Frau besitzt aber ihren Perak, den sie an ihre älteste Tochter vererbt. Er besteht aus einem langen, rot bezogenen Stück Leder, das von der Stirn bis an die Hüften reicht. An den Seiten stehen große Ohren aus Lammfell ab. Darunter wird das kräftige Haar zu vorne feinen und hinten dicken Zöpfen geflochten. Auf diesen Lederstreifen sind dicht an dicht Türkise genäht (*per* = Türkis), einige Rubine und andere kostbare Steine, Gold und Silberornamente und Korallen. Dieser prächtige Kopfschmuck ist eine jederzeit greifbare Versicherung für Zeiten der Not.

Einer wesentlichen Einschränkung unterliegt die Wertschätzung der Frau: sie gilt dem Mann in spiritueller Hinsicht nicht als ebenbürtig. Einerseits beruht ihr Wert und die Achtung, die sie genießt, darauf, daß sie Kinder bekommt. Andererseits steht das Mönchsleben, das sich nicht mehr in der irdischen Reproduktion erschöpft, in höherem Ansehen. Zwar kann eine Frau Nonne werden, aber sie unterliegt einer noch größeren Zahl von Geboten, 353 statt 253, und sie darf keine höheren Weihen erhalten. Diese Regeln ist der jetzige Dalai Lama im Begriff, zu ändern. Er sagt, daß dieser patriarchale Einschlag aus gesellschaftlichen Gründen auf die Religion einwirke, und das heutige Bewußtsein der Frau, besonders im Westen, es zulasse, daß der Buddhismus davon Abstand nimmt. Bisher und bis heute ist es nicht verwunderlich, daß Frauen sich für ihr nächstes Leben wünschen, als Mann wiedergeboren zu werden.

Die Hierarchie des sozialen Status in einem Dorf ist ganz genau festgelegt. Ein ausgefeiltes System der ehrenhaften Anreden drückt aus, wo einer seinen Platz hat, das heißt ganz wörtlich, wo einer Platz nehmen darf bei Festen und Zusammenkünften jeder Art. Wer vornehmer ist, sitzt näher am Herd, hat ein höheres Sitzkissen, einen höheren Tisch und eine höhere Tasse.

Den Ehrenplatz nehmen, vor allen anderen, die religiösen Führer ein, der Rinpoche des Klosters, die hohen Lamas oder der Geshe.

An der Spitze des weltlichen Volkes stehen die Aristokratie und der Adel. Zwar sind sie 1834 aller Macht beraubt worden (s. u.), sie bekommen aber nach wie vor den ihnen gebührenden Platz. Es folgen die »Gewöhnlichen«, die 95 Prozent der Bevölkerung ausmachen.

Darunter stehen die »Niedrigen« oder »Unreinen«, scharf vom Rest der ladakhischen Bevölkerung geschieden. Wenn sie überhaupt ins Haus dürfen, sitzen sie außerhalb der Reihe auf dem Boden, nächst der Türe. Jede physische Berührung wird vermieden. Heiraten mit dieser Schicht sind verpönt; geschieht es doch einmal, so bedeutet das sozialen Sturz des höher Gestellten.

Soziale Unterschiede werden als individuelles Karma gesehen.

Wer sind diese Niedrigen, die *rings-nan*? Sie setzten sich aus drei Gruppen zusammen: den Eisenschmieden (*mgar-ba*), den Tischlern, die traditionell auch Musiker sind, (*mon*), und ganz unten den *be-da*, das sind umherziehende Musikanten ohne festen Wohnsitz. Die *rings-nan* dürfen zwar Andachtsstätten betreten, aber es ist ihnen verwehrt, in ein Kloster einzutreten.

Uns erscheint es sonderbar, daß Schmiede, Tischler und Musiker diskriminiert werden. Für die Schmiede gilt das im ganzen tibetischen Kulturkreis und hat religiöse Gründe: Der Eisenschmied stellt Waffen, Pflüge und Hacken her, bei deren Verwendung Lebewesen getötet werden – eine Verletzung buddhistischer Gebote. Bei den *mon* und *be-da* hat die Deklassierung ethnische Gründe: sie stammen aus dem Grenzgebiet zwischen Tibet und Indien/Nepal und gelten als wild und unzivilisiert.

Die Diskriminierung der Musiker, wofür eine eingängige Erklärung fehlt, wird vermutlich bald der Vergangenheit angehören. In der Belehrung, die der Dalai Lama in Choklamsar gab, sprach er darüber, wie positiv jeder Mensch berührt ist, wenn er Musik hört, und er fragte die Menge: »Wie kann man Menschen herabsetzen, die uns mit ihrer Kunst so erheben? Der Buddhismus ist gegen eine solche Diskriminierung.«

Die Trennung der »Niedrigen« von der übrigen Gesellschaft ist aber keineswegs total. Zumindest die Schmiede und die Tischler sind mit Rechten und Pflichten fest ins dörfliche Leben eingebunden. Sie sind einzelnen Familien zugeordnet, von denen sie nach der Ernte mit Naturalien entlohnt werden. Bei Geburts- Hochzeits- und Todesfeiern statten sie, wie alle anderen auch, ihren Besuch ab und übergeben die üblichen Geschenke, wie sie auch ihrerseits bei diesen Gelegenheiten besucht und beschenkt werden. Auch bei den großen Jahresfesten kommt ihnen eine spezielle Funktion zu. So gehen sie zum Beispiel in den ersten Neujahrstagen von Haus zu Haus, werden reichlich bewirtet und mit Bier und Mehl beschenkt, ähnlich unserem Brauch des Dreikönigssingens.

Da die Grundeinheit der Gemeinschaft die wirtschaftlich weitgehend autarken Haushalte sind, schrumpft der öffentliche

Bereich auf ein Minimum zusammen. Für das, was gemeinschaftlich geregelt werden muß, bedarf es kaum irgendwelcher Institutionen, weil das soziale Netz so eng gestrickt ist, daß anstehende Fragen von den Betroffenen informell gelöst werden können; anders gesagt, man setzt sich auf ein Bier zusammen, zum Beispiel bei den regelmäßigen Verwandtschaftstreffen an jedem zehnten Tag nach Neumond. Ein Punkt, der immer wieder geregelt werden muß, ist die Frage, wer bekommt wieviel Wasser. Will einer mehr Wasser zugeteilt haben, so lädt er die Dorfgemeinschaft ein, bewirtet sie mit Essen und reichlich Bier und trägt seinen Wunsch vor. Es wird eine Lösung gesucht, bei der alle zufrieden sind und deren mündliche Absprache für alle bindend ist.

»Eine Lösung, bei der alle zufrieden sind« setzt eine Moral voraus, in welcher der eigene Nutzen nur insoweit verfolgt wird, als man anderen nicht schadet. Dies ist ein Gebot des Buddhismus, und wir haben es bei den Ladakhis mit einem Volk zu tun, das seinen Glauben praktiziert.

Kommt einmal gar keine Einigung zustande, so kann man immer noch zum Lama gehen, der in die weltlichen Belange nicht verstrickt ist und eine weise Entscheidung treffen kann.

Ladakh ist das Land der Klöster, das Land der *Gompas*. Abseits der Straßen, in kahle Felswände hineingebaut oder auf zerklüftete Anhöhen, nutzen sie Konzentrationspunkte der Landschaft und verstärken sie. Sie sind die Zentren kultureller Initiative und Tradition. Sie bewahren den Schatz einer tausendjährigen Kultur, in der sich Religion und Kunst noch nicht gespalten haben. Oft sind die Wände der Klöster mit Fresken geschmückt, die in der trockenen Luft über viele Jahrhunderte ihre Leuchtkraft beibehalten haben. Die berühmtesten sind die vom Kloster Altchi, die zwischen dem 11. und 17. Jahrhundert entstanden sind.

Eine besondere Kunstform des tibetischen Buddhismus ist die Thanka, auf Seide oder Leinen gemalte Rollbilder, die in Brokat eingefaßt sind. Auch heute noch werden in den Klöstern Thankas hergestellt, die aber durch den Gebrauch chemischer Farben an Schönheit eingebüßt haben. Abgebildet werden Götter, Dämonen und Buddhas in ihren vielfältigen Aspekten. Das Thema ist die Gefangenschaft des Menschen im Rad des Lebens und der Weg der Befreiung in der Nachfolge des Erleuchteten. Thankas dienen dem Meditierenden als Orientierung und wirksame Hilfe auf seinem geistigen Weg. Für den Gläubigen werden die abgebildeten Gottheiten mit dem Entrollen der Thanka selbst präsent. Manche werden nur zu besonderen Gelegenheiten entrollt; so wird zum Beispiel die große Thanka im Kloster Hemis nur alle elf Jahre gezeigt, das nächste Mal 1991.

Die Klöster bewahren in ihren Bibliotheken das schriftlich niedergelegte buddhistische Wissen vieler Jahrhunderte, den *Kanjur* und den *Tanjur*. Es umfaßt Metaphysik, Philosophie, Astrologie, Sprache, Medizin und Kunst. Es heißt, daß zwanzig Yaks nötig wären, um die heiligen Schriften des tibetischen Buddhismus zu transportieren. Sie befanden sich im Gepäck des Dalai Lama, als er 1959 aus Tibet floh.

Die Klöster bewahren das lebendige Wissen, das vom Meister an den Schüler weitergegeben wird und in jedem Menschen neu verwirklicht werden muß. Um *Gelong* zu werden, ein Mönch mit höheren Weihen, reichen zwanzig Jahre Studium nicht aus. Er lernt große Teile der heiligen Schriften auswendig. Er muß alle 253 Regeln des mönchischen Lebens kennen, muß die Rituale zelebrieren können, schwere Logikprüfungen bestehen und die hohe Kunst der tibetischen Disputation beherrschen. Er lernt die Musikinstrumente spielen, die großen Trommeln und meterlangen Rang-Dung-Hörner, lernt, wie man Horoskope erstellt und Sternkonstellationen deutet, bekommt eine Ausbildung in der traditionellen Heilkunst oder als Thanka-Maler. Einen großen Teil seiner Zeit widmet er der Meditation.

Das Oberhaupt eines Klosters ist der Rinposche. Rinposche kann man nicht werden, das ist man durch Geburt: die Reinkarnation eines Menschen, dessen Verwirklichung so weit fortgeschritten ist, daß ihn das Bewußtsein im Prozeß von Tod und Wiedergeburt nicht verläßt und er die Bedingungen seines nächsten Lebens frei wählen kann. Eine solche Reinkarnation wird als Kleinkind durch Omen und Tests erkannt und einem Kloster zur Erziehung übergeben.

Es soll 67 Klöster und 3000 Lamas geben, andere Quellen sprechen von 1700 Mönchen und etwa 100 Nonnen. Jedes Dorf hat ein Kloster, das in einem dreistufigen System einem Hauptkloster zugeordnet ist. Sie gehören verschiedenen buddhistischen Schulen an.

Die Klöster sind durch ein vielfältiges Austauschsystem mit der Gesellschaft verbunden. Würde das Mönchsleben nicht als höchst erstrebenswerte Lebensform angesehen, so hätten die Klöster keinen Nachwuchs. Fast jede Familie schickt einen ihrer Angehörigen ins Kloster. Das dafür designierte Kind bekommt die Haare geschoren und wird dem Kloster mit acht Jahren übergeben.

Mönche sind bis zu einem gewissen Grad von der körperlichen Arbeit entbunden. Die großen Ländereien der Klöster sind an Bauern verpachtet, die dafür dem Kloster einen Teil der Ernte abgeben. Als 1953 ein Teil des klösterlichen Grundbesitzes enteignet werden sollte, widersetzten sich die Pächter dieser Maßnahme. Wenn nötig, stellen die Männer ihre Arbeitskraft auch direkt dem Kloster für spezielle Arbeiten zur Verfügung. Ohne die großzügigen Spenden der Bevölkerung könnten die Klöster nicht existieren.

Warum werden diese Leistungen erbracht, warum entbindet ein Volk einen nicht unerheblichen Teil seines männlichen Nachwuchses von der körperlichen Arbeit und stellt ihn für ein geistig-religiöses Leben frei? Ein tibetisches Sprichwort besagt: »Ohne den Lama vor dir kannst du Erleuchtung nicht finden.« Die Lamas sind sozusagen der Kanal, durch den die spirituelle Energie fließen kann, die in Ladakh alles umspült. Sie leben nicht zurückgezogen hinter Klostermauern, sondern sind im Alltag des Volkes präsent.

Die Mönche kommen mehrmals im Jahr in die Häuser, um *Pujas*, buddhistische Gottesdienste, abzuhalten. Sie legen die Schriften aus und lehren Meditation. Sie stehen als persönliche Berater zur Verfügung oder als Schlichter kommunaler Streitigkeiten. Sie sind kundige Astrologen, deren Auskünfte bei

In jeder Gesellschaft gibt es eine Machtelite;
in Ladakh sind es die Mönche ohne Apparat und Besitz.

allen wichtigen Angelegenheiten eingeholt werden, sei es, um über den Namen eines Kindes, den günstigen Tag für eine Reise oder eine Heirat oder den Platz für einen Hausbau zu entscheiden. Bei Krankheit stehen sie den *Amchis*, den Naturärzten, zur Seite, segnen die Arzneimittel, vollziehen Rituale und geben den Kranken Anweisungen, welche die seelischen Voraussetzungen für deren Gesundung schaffen sollen. Und sie sorgen für die zeremonielle Gestaltung der Feste.

Das christliche »ora et labora« ist für den Ladakhi erweitert in »beten, arbeiten und feiern«. Alle Feste, seien es die Übergangsriten von Geburt, Heirat und Tod, die periodisch wiederkehrenden Feste des Jahreslaufs wie Aussaat, Ernte und Neujahr, oder die großen Mysterienspiele der Klöster – sie alle dienen dazu, den Menschen mit den kosmischen Kräften in Harmonie zu bringen. Das Erleben ist nicht gespalten in weltliches Vergnügen und ernste, strenge Religion, sondern zusammengefügt in ernstem Vergnügen und vergnügter Religion. Für diese Feste liefern die Lamas Struktur, Orientierung und Substanz.

Sehen wir uns jene Feier näher an, von der einige Szenen im Film gezeigt werden: die Totenzeremonie.

Nach dem Tod eines Menschen werden ein Lama und ein Astrologe ins Haus geholt. Die Riten, die vor und nach der Verbrennung vollzogen werden, sollen der Seele des Toten Hilfestellung geben im Bardo, dem Zustand zwischen Tod und Wiedergeburt. Der Mönch reißt dem Toten an der Fontanelle ein Büschel Haare aus, um der Seele den richtigen Austritt aus dem Körper zu eröffnen. Mit Gebeten, Mantras und magischen Zeremonien wird das Bewußtsein des Verstorbenen darauf aufmerksam gemacht, daß es nun seinen Körper verlassen hat, und darin bestärkt, sich den ihm begegnenden Göttern gegenüber furchtlos zu verhalten. Der Astrologe erstellt das Todeshoroskop, das Aufschlüsse über die Wiedergeburt gibt und feststellt, ob im Augenblick des Todes negative Gedanken vorhanden waren, die durch spezielle Riten neutralisiert werden müssen. Er bestimmt auch den Zeitpunkt, wann der Tote aus dem Haus getragen wird.

Sobald die Verwandten, Freunde und Nachbarn vom Tode eines der ihren hören, suchen sie die Trauerfamilie auf, um dieser Buttertee oder Bier zu bringen und die Familie zu trösten. Die Frauen werden in der Küche bewirtet, wo sie laut schluchzend Mantras aufsagen und Klagelieder singen. Diese Zeremonien können vier bis zehn Tage dauern. Bevor der Tote hinausgetragen wird, reiben sich alle Anwesenden den Körper mit Teigklümpchen ab, um alles Schlechte von sich zu entfernen, und werfen diese Klümpchen abseits des Hauses weg.

Der Gang zum Verbrennungsplatz ist – je nach sozialem Status – eine mehr oder weniger prunkvolle Prozession, bei der

121

die Trauernden Festkleider tragen und die Lamas Brokatschürzen und die hohen, zeremoniellen Hüte. Nachdem die Trauerleute wieder zum Haus zurückgekehrt sind und dort bewirtet werden, vollziehen die Mönche die Feuerzeremonie, um den Feuergott durch Opfergaben gnädig zu stimmen und die Läuterung des Verstorbenen zu bewirken.

Nun kehren auch die Mönche zurück, werden bewirtet und versteigern die persönlichen Gegenstände des Toten. Den Erlös bekommen die Mönche als Lohn für ihre Dienste.

Ein Knochen des Toten, den ein Mönch mitbringt, wird vier Tage lang im Haustempel aufbewahrt. Danach wird er zerrieben, mit dem Staub von Metallen und mit Ton vermischt und zu Votivfiguren geformt, sogenannten *tormas*; diese werden im Haustempel oder an einem geweihten Ort aufbewahrt. Während der Knochenzeremonie ruft der Mönch ein letztes Mal das Bewußtsein des Verstorbenen herbei, reinigt es von allen Beschmutzungen und schickt es schließlich auf seinen Weg. Zu guter Letzt wird der Verbrennungsplatz gereinigt, weiß gekalkt und mit Gebetsfahnen geschmückt.

Sorgen die Lamas für die Organisation der geistigen Vorgänge eines solchen Ereignisses, so sorgen die Verwandten und Nachbarn und die *pha spun*-Mitglieder für die materiellen Bedürfnisse. Zu einer *pha spun* schließen sich mehrere Familien zusammen, die nahe beieinander wohnen, den gleichen Hausgott haben und sich einen Leichenverbrennungsplatz teilen. Ihre Aufgabe ist es, bei den großen Übergängen im Leben eines Menschen, wie Geburt, Heirat und Tod, die psychischen und wirtschaftlichen Belastungen der Betroffenen zu reduzieren. Die *pha spun*-Familien übernehmen die Organisation der Feierlichkeiten und steuern zusammen mit den Verwandten und Nachbarn durch Essen, Trinken und Geldgeschenke zur materiellen Seite des Festes bei. Über diese Geschenke wird eine sogenannte »Vereinigungsliste« geführt, in die alles genau eingetragen wird. Ist man selbst in der Rolle des Gastes, zieht man diese Liste zu Rate, um nach Möglichkeit mehr zu geben, als man zuvor empfangen hat.

Für den Ladakhi ist die Religion nicht an besondere Orte

verbannt und nicht auf besondere Zeiten beschränkt, sie ist allgegenwärtig. Er murmelt ununterbrochen Mantras – heilige Silben, die kosmische Energien wachrufen, – ohne daß ihn das am Arbeiten, Unterhalten oder Lachen hindern würde. Um diesen dadurch freigesetzten spirituellen Strom ohne Unterlaß fließen zu lassen, haben die Tibeter die Gebetsmühlen und Gebetsfahnen erfunden. Gebetsmühlen sind hand- bis mannsgroße Zylinder, die mit schriftlich fixierten Mantras und Gebeten gefüllt sind und bei jeder Gelegenheit in Bewegung gesetzt werden. Gebetsfahnen sind an Häusern, Klöstern, Brücken, an Leinen oder Felszacken in einsamer Höhe angebracht, um die Bitten und Preisungen der Menschen vom Wind in die Sphären der Götter tragen zu lassen.

Das große Mantra des tibetischen Buddhismus ist *Om mani padme hum,* heilige Silben, die in ihrer Bedeutung unerschöpflich sind. Dieses *Om mani padme hum* strömt von den Lippen der Menschen, flattert auf Gebetsfahnen über die Landschaft, leuchtet in roten Buchstaben von Felswänden, wird in Steine gemeißelt, die am Wegrand liegen und aus denen Mauern gebaut werden, sogenannt *Mani*-Mauern. In Leh wird ein Neujahrsgottesdienst gehalten, dessen Ziel es ist, das *Om mani padme hum* hundert Millionen Mal zu sprechen. Gläubige kommen und gehen rund um die Uhr, wie es ihnen beliebt, zählen mit der *Mala*, ihrer Gebetskette, wie oft sie das Mantra gesprochen haben, und lassen die Zahl beim Rausgehen vom Buchhalter notieren. Es kann vierzehn Tage und Nächte dauern, bis das Soll erfüllt ist.

Die ladakhische Welt ist belebt mit Göttern, Geistern und Dämonen. Viele dieser körperlosen, aber mächtigen Gestalten stammen aus dem Kosmos der alten Bön-Religion, die der tibetische Buddhismus ohne Schwierigkeiten integriert hat. Alles kommt darauf an, die Geister und Dämonen in Schach zu halten und die Götter gnädig zu stimmen; dafür gibt es eine ausgefeilte Etikette in Form von Regeln und Tabus und wirkkräftige Rituale.

Jedes Haus hat einen Schreinraum, der dem Hausgott geweiht ist. Ein ausgestopfter Steinbockkopf über der Haustür

Geisterfallen hat der Buddhismus aus der vorhergegangenen
Bön-Religion übernommen.

wehrt böse Dämonen ab. Sogenannte Götterhaufen bezeichnen den Wohnsitz eines Naturgottes im Freien. Es sind Steinhaufen oder -häuschen, die mit Wacholder und Gebetsfahnen geschmückt sind.

Das große religiöse Bauwerk des Buddhismus ist der *Stupa*, im tibetischen Sprachraum *Chörten* genannt. Der Stupa ist für den Buddhismus so fundamental wie für das Christentum das Kreuz: Eine Kuppel oder ein Zylinder auf einem normalerweise viereckigen Fundament, darauf erhebt sich ein nach oben spitz zulaufender Schaft, auf dem eine die Sonne tragende Mondsichel sitzt. Im Inneren befinden sich bestimmte heilige Objekte, Mumien, Relikte und Asche oder Schriften. Es gibt den Stupa von einer kleinen Altargröße bis zum vielstöckigen Gebäude, in allen lokal-bestimmten Variationen, aber immer mit denselben Komponenten. Nie ist man in Ladakh weit von einem Stupa entfernt; sie stehen auf Bergpässen, an Eingängen zu Plätzen, Dörfern und Klöstern, an Flußufern oder einfach in der steinigen Wüste. Er symbolisiert in seinen Baustufen das gesamte buddhistische Weltbild: Das quadratische Fundament »Erde«, der runde Mittelteil »Wasser«, der Schaft »Feuer«, oder anders betrachtet: Körper, Rede und Geist Buddhas. Die 13 Ringe, mit denen der Schaft häufig geschmückt ist, symbolisieren die Stufen zur Erleuchtung. Buddhisten umschreiten ihn im Uhrzeigersinn, so daß das Heiligtum stets zur Rechten liegt.

Die Kommunikation mit der geistigen Welt ist keine einseitige. Durch den Mund der Orakel sprechen Götter, verstorbene Lamas oder Könige direkt mit den Menschen. Die Klosterorakel treten bei den großen Klosterfesten auf. Dieses Orakelamt, für das die Familien turnusmäßig jemanden zur Verfügung stellen, wird als schwere Bürde betrachtet. In alten Zeiten war das Amt vererbbar.

Anders die Hausorakel. Sie werden zu Orakeln durch ein ausgesprochenes Berufungserlebnis, das Frauen und Männer gleichermaßen treffen kann. Die Biographie einiger bekannter Orakel zeigt einen ähnlichen Werdegang: zwischen zwanzig und dreißig Jahren hatten sie plötzlich Anfälle von Verrücktheit. Dies wird als unkontrolliertes Eindringen von Geistern

Der Stupa, das Symbol des Buddhismus, so fundamental,
wie das Kreuz im Christentum.

und Göttern gedeutet. Es kommt dann zu einer Initiation durch einen Meister oder auch durch innere, visionäre Erlebnisse, die für den Betreffenden nicht minder real sind. Diese Einweihung macht aus dem scheinbar Verrückten ein Orakel, einen *Lhamo*. Er stellt nun ein Gefäß dar, von dem ein Wesen aus der jenseitigen Welt Besitz ergreifen und durch dessen Mund es sprechen kann. Das Eindringen des Gottes wird vom Orakel als schmerzhafter Prozeß geschildert. Im Zustand der Besessenheit hat das Orakel prophetische Einblicke und vor allem die Fähigkeit, zu heilen. Mit den bloßen Lippen oder einem metallenen Röhrchen saugt es das Übel aus dem Körper und spuckt etwas Schwärzliches in eine Schale. Es gibt westliche Besucher, die solche Zeremonien nicht nur beobachtet, sondern deren Wirksamkeit am eigenen Leib erfahren haben. (Siehe den Aufsatz von Walter A. Frank in *Recent Research on Ladakh*.)

Es wird angenommen, daß der Buddhismus Ladakh lange vor Tibet erreicht hat durch die Missionare des indischen Kaisers Ashoka (273–236 v. Chr.) Sie trugen die Botschaft des Buddha bis nach Afghanistan und in die Täler von Kaschmir und Nepal. Inschriften aus dem zweiten Jahrhundert, die in Zanskar entdeckt wurden, einem abgelegenen Teil Ladakhs, sprechen dafür, daß diese Missionare auch Ladakh erreichten.

Der Chinese Fa-Hien, der im Jahre 400 n. Chr. durch Ladakh reiste, berichtet, daß dort Gebetsmühlen gebraucht und Buddha-Reliquien verehrt wurden.

Vom 1. Jahrhundert v. Chr. bis zum 5. Jahrhundert n. Chr. herrschten die Kushanas, ein Volk zentralasiatischer Abstammung, über ein gewaltiges Territorium, das Afghanistan und das gesamte Nord-West-Indien einschloß. Gandhara, das Zentrum ihres Reiches, wurde zu einer Art zweitem heiligen Land des Buddhismus. Der Tibetologe A. H. Francke fand in Ladakh Inschriften, die zeigen, daß der Einfluß der Kushanas bis nach Ladakh reichte.

Unter dem Ansturm der Hunnen ging das Kushana-Reich im 5. Jahrhundert zugrunde. In der Folge stieg Tibet zur wichtigsten Macht in Zentralasien auf. Nach der ersten Blüte des

Buddhismus in Tibet im 7. und 8. Jahrhundert setzte unter dem König Lang Darma eine Buddhistenverfolgung ein. Nach seiner Ermordung im Jahre 842 zerfiel das tibetische Reich. Einer seiner Nachkommen floh in den Westen, ehelichte die Tochter eines ladakhischen Herrschers und gründete im Jahre 922 die erste ladakhische Dynastie, die La-Chen Dynastie, die bis ins 15. Jahrhundert an der Macht war. Erst seit dem 10. Jahrhundert gibt es fortlaufende Chroniken der ladakhischen Geschichte.

Dieser erste König tat nun alles, um den Mahayana-Buddhismus, der in seiner Heimat darniederlag, in Ladakh zu verbreiten. Er baute Burgen und Klöster und schickte seine Gelehrten nach Kaschmir und Indien, um dort religiöse Schriften zu sammeln und Kult- und Kunstgegenstände nach Ladakh zu bringen. Eine Schlüsselfigur dieser Zeit ist der große Übersetzer Rinchen Zangpo (958–1055). Er gründete zahlreiche Klöster, von denen Altchi bis heute existiert. Ladakh lebte nun, etwa fünf Jahrhunderte lang, in Frieden, und seine Herrscher machten alle Anstrengungen, den Buddhismus immer tiefer zu verankern.

Gegen Ende des 11. Jahrhunderts blühte auch in Tibet der Buddhismus wieder auf. Seit dieser Zeit unterhielten die beiden Länder engsten Kontakt miteinander, der erst in unserer Zeit durch die Chinesen gewaltsam unterbrochen wurde. Bei aller Ähnlichkeit der Kultur und Religion unterschied sich die Regierungsform Ladakhs schon in alten Zeiten ganz wesentlich von Tibet: es gab nie die Einheit von weltlicher und religiöser Herrschaft, wie sie in Tibet durch die Person des Dalai Lama ausgeübt wurde. In Ladakh hatte der buddhistische Klerus zwar großen Einfluß auf das Königshaus und war hoch geachtet, aber er bekleidete keine Ämter. Im Unterschied zu Tibet hat sich nie eine Bürokratie herausgebildet.

Die Regierungsform dieser frühen Könige war das *Panchayat*. Jedes Dorf hatte einen Dorfrat von nicht mehr als zehn Mitgliedern. Ein Vertreter jedes Dorfrates wurde in den großen Rat nach Leh geschickt, dem der König selbst vorsaß. Dieser Rat traf alle wichtigen Entscheidungen. Die Mitglieder des Rates wurden dadurch geehrt, daß sie während der Ratsversammlungen im Königspalast wohnen durften.

Seitdem in Kaschmir im 14. Jahrhundert eine muslimische Dynastie an die Macht gekommen war, war Ladakh einem stetig wachsenden Druck aus dieser Richtung ausgesetzt. Immer wieder versuchten muslimische Herrscher, über die Pässe zu kommen und sich Ladakh einzuverleiben und zum Islam zu bekehren. Die Sprach- und Religionsgrenze wurde im Lauf der Jahrhunderte vom Westen her immer weiter nach Zentralladakh verschoben. Ein Zeugnis für den muslimischen Druck ist die Moschee in Leh, die ein ladakhischer König Anfang des 16. Jahrhunderts bauen ließ, um Schlimmeres zu verhüten.

Der Einfall einer tibetisch-mongolischen Armee unter dem 5. Dalai Lama im Jahre 1683 trieb Ladakh in die Arme seiner muslimischen Nachbarn im Westen. Daß Buddhisten Buddhisten militärisch überfallen, nimmt Wunder, und sucht man nach einer überzeugenden Darstellung der Ereignisse, so gelangt man in ein Gestrüpp von Rechtfertigungen der verschiedenen Seiten.

Dem großen König Senge Namgyal (1569–1594), der alle verlorenen ladakhischen Territorien zurückgewinnen konnte und der ein großer Förderer der buddhistischen Literatur und Kunst war, folgten schwache Söhne. Tibet sah darin eine Chance, der reformierten Gelug-pa-Sekte in Ladakh zum Durchbruch zu verhelfen und sich dabei eine reiche, ladakhische Provinz anzueignen. Ladakh suchte Hilfe bei den moghulischen Herrschern von Dheli und Srinagar. Die tibetisch-mongolische Armee wurde zurückgeschlagen, aber der Preis war hoch: es wurde seine Helfer nie wieder los.

Um Rückhalt gegen den islamischen Druck zu gewinnen, schloß sich Ladakh wieder stärker an Tibet an, das seine religiösen und territorialen Ziele nun auf friedlichem Wege erreichte. Der König schickte einen seiner Söhne nach Lhasa zur Ausbildung als Gelug-pa-Lama, und auch die begehrte Provinz wurde Tibet übereignet. Die Gelug-pas durften nun Klöster in Ladakh gründen und leben seitdem in friedlicher Koexistenz mit den alten Schulen.

Die nächsten 150 Jahre lavierte sich Ladakh politisch zwischen Tibet im Osten und Kaschmir/Indien im Westen hindurch, bis es 1834 seine Unabhängigkeit endgültig an das hinduistische Dogra-Königreich verlor.

Die Situation in Indien und Kaschmir hatte sich verändert. In weniger als hundert Jahren hatten die Briten die Herrschaft über Indien gewonnen. Im Jahre 1819 machte sich der hinduistische Maharaja des Punjab zum Herrscher von Jammu und Kaschmir, das bis dahin von Afghanistan regiert worden war. Er versuchte nicht, die Bevölkerung zu konvertieren, die bis zum heutigen Tag muslimisch geblieben ist. Sein Vasall in Jammu und Kaschmir war Gulab Singh. Dieser schickte 1834 eine Armee von 10 000 gut ausgebildeten und »modern« bewaffneten Soldaten nach Ladakh – ein Unternehmen, das nur gelingen konnte, weil es von den Briten gestützt wurde.

Das ladakhische Königshaus wurde entthront, der Adel entmachtet und enteignet und an seine Stelle ein lockeres Netz von Beamten gesetzt, deren Macht einige Garnisonen sicherten. Seitdem gehört Ladakh politisch zu Indien.

Auch Gulab Singh ging es nicht darum, den Buddhismus in Ladakh zu zerstören, allerdings wurde und wird er dadurch in Bedrängnis gebracht, daß immer mehr Muslime aus Kaschmir nach Ladakh strömen. Kargil ist heute zu 90 Prozent muslimisch, und Leh ist im Sommer von Muslimen überfremdet. Die Beziehungen zu Tibet konnten unter Gulab Singh erhalten bleiben; Ladakhis konnten Handel treiben wie zuvor und in tibetischen Klöstern studieren.

Obwohl es in den zurückliegenden tausend Jahren immer wieder zu Kriegen gekommen war, dürften sie auf das Leben des Volkes oft keinen oder nur sehr langsamen Einfluß gehabt haben. Topographie, Klima und Sozialstruktur stellen der militärischen Vereinnahmung massive Hindernisse entgegen. Die wirklich großen Veränderungen, die das alte Ladakh nun tatsächlich zu zerstören drohten, begannen mit der Unabhängigkeit Indiens im Jahre 1947.

Nach dem Rückzug der Briten brachen zwischen Pakistan und Indien Feindseligkeiten aus, deren Leidtragender unter anderem Ladakh war. Es gelang den Indern, die Pakistani so weit zurückzudrängen, daß sie die 450 km lange Straße zwischen Srinagar und Leh unter ihre Kontrolle brachten. Sie erklärten Ladakh zum militärischen Sperrgebiet, bauten die Straße aus und stationierten 30 000 Soldaten im Land.

Diese Armee macht fast ein Drittel der einheimischen Bevölkerung aus. Sie kann in den unwirtlichen Höhen nur mit Hilfsgütern durchhalten, die täglich in Konvois von 30 bis 60 Lastwagen herangeschafft werden.

Ladakh ist heute den Einflüssen aus Kaschmir und Indien deswegen besonders preisgegeben, weil es seit der chinesischen Besetzung Tibets im Jahre 1950 keinen Rückhalt mehr an Tibet hat. Schon vorher hatte China mit der Schließung des indischen Konsulats in Sinkiang den jahrhundertealten Handel Ladakhs mit Zentralasien abgeschnitten. Um dem tibetischen Guerillawiderstand im Osten Tibets auszuweichen, baute China heimlich eine Straße von Yarkand nach Westtibet, die durch den nordöstlichen Teil Ladakhs führte, die Hochebene Aksai Chin. Sie wurde kurzerhand von den Chinesen annektiert.

Mit dem Aufstand gegen die chinesische Besatzung in Lhasa im Jahre 1959 und der Flucht des Dalai Lama nach Indien spitzte sich die Lage weiter zu. Viele Ladakhi, die ihren gewohnten Angelegenheiten in Tibet nachgingen, wurden inhaftiert und jahrelang festgehalten, so auch der Rinpoche von Hemis, ein Tibeter, der jahrzehntelang als verschollen galt und heute mit Familie als Buchhalter in Lhasa lebt. Die Folge war der totale Abbruch aller Beziehungen zwischen Ladakh und Tibet. Die Schließung der Grenzen nach Tibet und China treibt Ladakh wirtschaftlich in die Arme seiner Besatzer und bedroht die monastische Kultur mit Stagnation.

Die Grenzen des tibetischen Buddhismus, die einst die gesamte Mongolei, Tibet und die Manchu-Dynastie von China (bis 1911) umfaßten, wurden ins Innere des Himalaja zurückgedrängt. Außer in Ladakh lebt diese Religion nur noch in Sikkim und Bhutan.

Wie lange noch? Indien tut einiges, um dem Fortschritt in Ladakh die Türen zu öffnen. Es hat die Polyandrie verboten

Dies ist die erste Generation in Spoa, die in eine Staatsschule geht. Ihr Weltbild und ihr Interesse wird sehr bald ein ganz anderes sein, als das aller Generationen vor ihnen.

und ein »gerechtes« Erbrecht eingeführt, nach dem jedem Nachkommen gleichviel Besitz zusteht. Beruft sich ein nachgeborener Sohn auf das indische Recht, so muß der Ältere ihm seinen Anteil vom Familienerbe abtreten. Dies bedeutet in der Regel, daß das Land nicht mehr alle ernähren kann, so daß die Männer zusätzlich Arbeit in der Stadt suchen müssen. Damit wird die Bevölkerung, wie überall auf der Welt, von einem Wirtschaftssystem abhängig, auf das sie keinen Einfluß hat.

Indien hat Regierungsschulen gegründet, in denen fast nur muslimische Lehrer in Urdu, der Amtssprache Kaschmirs, unterrichten. Zusätzlich lernen die Kinder Hindi, und zu Hause sprechen sie Westtibetisch – drei Sprachen mit drei verschiedenen Schriften. Hochtibetisch lebt nur noch in den Klöstern, wo es aber auch nur wenige Mönche wirklich lesen können. Den Indern ist daran gelegen, daß Tibetisch als Landessprache verschwindet, denn sie fürchteten, daß China aufgrund dieser

Tatsache Ansprüche anmelden könnte, die über Tibet hinausgehen.

1974 hat Indien die Grenzen Ladakhs wieder geöffnet, und seitdem strömen die Touristen ins Land; im letzten Jahr (1986) waren es 18 000. Sie ergießen sich in die Hauptstadt Leh, die im Winter nur etwa 5000 Einwohner hat. Die Hauptstraße ist nun gesäumt mit Läden jeder Art, Restaurants und Hotels schießen aus dem Boden, ein Generator brummt und stinkt und versorgt die Stadt stundenweise mit Strom, Fernseher und Radios laufen, und in Videoshops kann man Sexfilme kaufen.

Taxis und Jeeps fahren die Touristen in die Täler, aber es geht nicht weit. Der touristischen Eroberung sind natürliche Grenzen gesetzt; weite Teile des Landes sind nur zu Fuß zu erreichen. Das Touristenbusiness und der Transport ist weitgehend in den Händen von Kaschmiris und tibetischen Flüchtlingen. Die Ladakhis haben nicht die aggressive Mentalität muslimischer Händler und geraten dadurch ihnen gegenüber ins Hintertreffen. Von all' dem wirtschaftlichen Aufschwung bleibt den Ladakhis im wesentlichen eine hohe Inflationsrate.

»Das alte Ladakh«, wie es der Film zeigt, und wie es noch existiert, das kriegerisch nicht zerstört werden konnte, wird dem »Fortschritt« zum Opfer fallen.

Für diesen Abschnitt wurden folgende Bücher verwendet:

Brauen, Martin: *Feste in Ladakh*. Graz/Austria 1980.
Chopra, P. N.: *Ladakh*. New Delhi 1980.
Conze, Edward: *Eine kurze Geschichte des Buddhismus*. Frankfurt am Main 1984.
Fisher, Margaret W., Rose, Leo E., Huttenback, Robert A.:
Himalayan Battleground, Dino Indian Rivalry in Ladakh. London and Dunmow 1963.
Friedl, Wolfgang: *Gesellschaft, Wirtschaft und materielle Kultur in Zanskar (Ladakh)*.
  Sankt Augustin 1983.
Harrer, Heinrich: *Ladakh. Götter und Menschen hinterm Himalaja*. Insbruck 1978.
Harvey, Andrew: *Ins Innerste des Mandala*. Köln 1985.
Recent Research on Ladakh. Schriftenreihe Internationales Asienforum, Band 1.
  München, Köln, London 1983.
Snellgrove, David L., Skorupski, Tadeusz: *The Cultural Heritage of Ladakhs*. Volume
  One Central Ladakh. Warminster 1977.
Sumi, Tokan D., Oki, Masato, Hassnain, F. M.: *Ladakh The Moonland*. New Delhi
  1975 und 1977.

Die Fotografin Gabriele Wengler mit einem der oft verschenkten
Polaroid-Bilder, die uns großes Verständnis für unsere Arbeit
eingebracht haben.

5. KAPITEL

»Ich stehe in der Mitte«

Interview von Gabriele und Clemens Kuby mit Wangchuck Fargo*, dem ladakhischen Mitarbeiter und Darsteller des Filmes im Mai 1987 in München.

Wangchuck, du bist einer der Hauptdarsteller des Films, und einige Ideen des Films stammen von dir. Der Film zeigt das alte Ladakh, um etwas festzuhalten, was vielleicht in wenigen Jahren so nicht mehr bestehen wird. Du bist, unter anderem, ein sehr erfolgreicher Touristenmanager für Ladakh. Durch diese Tätigkeit stehst du selbst im Schnittpunkt einer alten, asiatischen und der westlichen Kultur und öffnest in deinem Land die Schleusen für moderne, westliche Einflüsse. Wir wollen darüber sprechen, wie du das erlebst.

Wangchuck: Ich bin kein typischer Ladakhi. Ich bin in Leh geboren und habe dort gelebt, bis ich sechs war. Dann haben mich meine Eltern auf ein Internat nach Kaschmir geschickt. Es war eine christliche Schule, die als besonders gut galt. Man sollte jeden Sonntag in die Kirche gehen und wurde bestraft, wenn man es nicht tat. Dort waren auch Kinder von westlichen UNO-Angestellten, mit denen ich mich befreundet habe. Später habe ich zwei Jahre am College in Delhi studiert, Ingenieurwissenschaft, und mit 18 Jahren habe ich mein Reise-

---

* Wangchuck T. Fargo, Fargo Tours & Travels, Box 14, Leh – 194101 – Ladakh (JuK) India Tel. 48. Cable: Fa

unternehmen gegründet. Aber ich bin immer wieder zurückgekommen. Ladakh ist mein Zuhause.

Laß' uns mit dem Film beginnen. Er ist einer der erfolgreichsten deutschen Dokumentarfilme. Ist er wirklich ein Dokumentarfilm oder sind Teile davon erfunden?

Wangchuck: Er ist zweifellos ein Dokumentarfilm. Er zeigt das Leben, so wie es ist und wie es die meisten Touristen nicht zu sehen bekommen. Sie kommen in die Hauptstadt Leh, die sehr modern ist mit Farbfernsehen und Video. Dann machen sie drei Tage Sightseeing und glauben, sie hätten Ladakh gesehen. Von den modernen Dingen gibt es fünfzehn Kilometer außerhalb Lehs nichts mehr: keine Elektrizität, keine richtigen Straßen, keine modernen Ärzte, kein Hotel, kein Restaurant. Der Film zeigt das Dorfleben, das Ernten und Dreschen, welche Bedeutung der Mönch für das Dorf hat, wie sehr wir ihn achten. Der Geshe verkörpert die spirituelle Macht, er ist der Arzt des Dorfes.

Was hat es mit der Liebesgeschichte auf sich und dem magischen Ritual, mit dem ein Mädchen gefügig gemacht werden soll?

Wangchuck: So etwas gibt es tatsächlich. Es ist Schwarze Magie. Die Methode ist in unseren religiösen Büchern aufgezeichnet. Aber es ist absolut verboten, sie anzuwenden. Sie funktioniert wirklich.

Warst du wirklich in das Mädchen verliebt?

Wangchuck: Nein, ganz und gar nicht. Das Mädchen wußte nicht einmal, was wir gespielt haben. Hätte ich ihr gesagt, worum es geht, hätte sie niemals mitgemacht. Wenn jemand in Ladakh den Film sehen würde, würde er mich als einen sehr niedrigen Menschen einschätzen. Wir fragten Geshe, ob er das Buch mit dem Mokading-Ritual hat. Er sagte nein, er weigerte sich. Ich war sehr neugierig, ich wollte wissen, wie es geht, auch wenn ich es nicht anwenden wollte. Wir fanden schließlich den Mokading-Meister. Er hat uns die Methode in allen Einzelheiten erklärt.

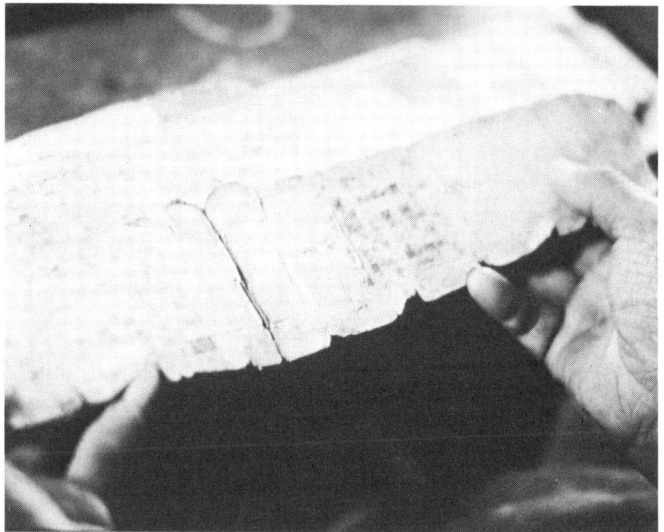

Wangchucks geheimer Wunsch geht in Erfüllung:
Er erhält echten Einblick in die Magie des Mokading.

Könntest du sie jetzt anwenden?

Wangchuck: Nein. Ich hätte die Mantras auswendig lernen müssen. Sie sind sehr lang. Man muß die Steine im Indus suchen usw. Wenn man alles richtig macht, dauert es drei Monate.

Glaubst du an die Wirkkraft der einzelnen magischen Handlungen, daß es wirklich entscheidend ist, die richtigen Steine im Indus zu finden und die Schnüre vom Hausdach in einer bestimmten Weise zu spannen?

Wangchuck: Ja, natürlich, weil ich Glauben habe.

Woran glaubst du tatsächlich, an die Lamas, weil sie Autorität besitzen, oder...

Wangchuck: Weil es in unseren heiligen Büchern steht. Nimm' nur das Beispiel, wenn einer krank ist und dem Tod nah. Wir fragen Geshe, was wir machen sollen. Er gibt uns bestimmte Anweisungen. Dann müssen wir die Mönche einladen. Sie machen kleine Figuren aus Mehl, *Tormas*, wie ich es im Film auch tue. Man könnte das für kompletten Blödsinn halten, aber ich habe in meinem eigenen Haus oft genug erlebt, daß Menschen so geheilt wurden. Der Amchi, ein Naturarzt, den es in jedem Dorf gibt, wird auch hinzugezogen. Er muß die Medizin zubereiten. Wenn er damit fertig ist, bringt er sie den Mönchen, damit sie die Medizin segnen. So bekommt sie Kraft.

Warst du denn befriedigt, nachdem der Mokading-Meister euch die Methode erklärt hatte?

Wangchuck: Ja, ich war befriedigt. Aber im gleichen Moment erkannte ich, daß es sehr schlecht war, was wir getan haben, daß wir zum Beispiel dieses Mädchen gebraucht haben. Der Geshe hat mir hinterher nochmal gesagt, daß ich 500 Jahre in die Hölle ginge, wenn ich diese Methode wirklich anwenden würde. Inzwischen glaube ich, daß es nicht gut ist, diese Sache im Film zu zeigen. Wir hätten genausogut etwas anderes filmen können.

Im Film gehst du doch zu deiner Schwester und sagst, daß du etwas Schlimmes gemacht hast, in der Hoffnung, daß sie deinen spirituellen Fehltritt unschädlich macht. War sie sich darüber im klaren, daß du das Mokading nur kennengelernt, aber nicht wirklich angewendet hast?

Wangchuck: Nein, vom Mokading wollte ich auf keinen Fall etwas sagen. Aber sie hat trotzdem gespürt, daß es da wirklich etwas zu bereinigen gab.

Wie steht deine Familie zu deinem Leben und deiner Arbeit?

Wangchuck: Am Anfang haben sie überhaupt nicht verstanden, was ich mache. Sie wußten nicht, was das sein soll, eine »travelcompany«. Sie wollten, daß ich Ingenieur werde, aber das ist einfach nicht meine Sache, und so sagte ich »nein«. Mein Vater war nicht bereit, mir auch nur einen Pfennig dafür zu geben, obwohl er viel Geld durch seinen Teeimport verdient. Mein Großvater hat mir das nötige Geld geliehen. Ich war 18, als ich damit anfing.

Wie alt bist du jetzt?

Wangchuck: 26. Als ich das erste Mal nach Europa reiste, glaubten sie, ich würde niemals zurückkommen. Ich kam in Brüssel um 11 Uhr nachts an. Alles war hell, es war überwältigend für mich. Ich konnte nicht einmal richtig Englisch. Die ersten zwei Tage fürchtete ich mich, das Haus zu verlassen. Ich schaute mir die Welt durch das Fenster an. Dann ging ich vielleicht 50 Meter weit und kehrte wieder um.

Wie erfährst du unsere westliche Lebensweise jetzt?

Wangchuck: Die Menschen im Westen arbeiten ununterbrochen, sie haben kaum Zeit für sich selber. Ich glaube, daß sie dabei nicht sehr glücklich sind. Sie ärgern sich so viel. In Ladakh gibt es das ganz selten. Vielleicht kämpfen mal zwei miteinander, wenn sie betrunken sind, aber am nächsten Morgen ist wieder Frieden von beiden Seiten. Wenn einer den anderen verletzt, weißt du, was er dem bringen muß? Eine

Ziege! Frische Ziegenhaut heilt nämlich Wunden. Es ist wirklich lustig, derjenige, der dich vorher verletzt hat, kommt und entschuldigt sich und bemuttert dich, bis es dir wieder gut geht.

Siehst du Gefahren in unserer Kultur, Dinge, die hier grundsätzlich falsch laufen?

Wangchuck: Es ist ein gefährlicher Platz hier. Ihr habt die Atomenergie, Smog, viele Verkehrsunfälle, Krankheiten wie Krebs und Aids...

Gibt es Krebs in Ladakh nicht?

Wangchuck: Überhaupt nicht. Auch Herzkrankheiten sind sehr selten. Die Leute werden durchschnittlich 80 Jahre alt. Mein Großvater ist 84 und arbeitet immer noch. Ich glaube, das hat viel mit der Psychologie zu tun. Man nimmt hier jedes Kopfweh ernst und geht gleich zum Doktor, weil die Möglichkeit dazu besteht. Wir achten gar nicht darauf.

Deine Schwester sagt zu dir im Film, du müßtest sie immer fragen, wenn du Ladakh verläßt...

Wangchuck: Ich werde Ladakh nie verlassen. Ich werde niemals eine andere Staatsbürgerschaft annehmen. Ich hätte dazu schon oft Gelegenheit gehabt. Ich liebe Ladakh, ich liebe die Menschen in Ladakh, es gibt keinen vergleichbaren Platz auf der Welt, insbesondere was die Menschen angeht. Sie sind absolut klar im Herzen. Es gibt keine Verstellung. Wenn einer Zuneigung zeigt, dann fühlt er sie auch, wenn er sie nicht fühlt, dann erweckt er auch nicht den Anschein.
Es ist äußerst selten, daß einmal gestohlen wird. Mord gibt es überhaupt nicht, in der ganzen Geschichte von Ladakh soll es nur einmal geschehen sein. Es ist ein sehr friedvolles Land, die Menschen haben ein Gefühl der Bruderschaft zueinander.
Es ist für mich sehr komisch, hier in westlichen Ländern zu sehen, daß man seine Eltern anrufen muß, wenn man sie besuchen will, um zu fragen, ob man kommen darf. Bei uns ist die Tür zum Elternhaus immer offen.

Auch jetzt, wo du etwas tust, was deinem Vater nicht gefällt?

Wangchuck: Aber natürlich. Unsere Familie gehört zusammen. Was immer ich tue, ich gehöre dazu. Wir respektieren einander. Es wäre undenkbar, die Eltern, wenn sie alt sind, in ein Altersheim zu stecken. Sie würden ja vor Langeweile zugrunde gehen. Bei uns haben die Großeltern ihre eigene Küche im gleichen Haus. Aber sie benutzen sie kaum, sie kommen immer herüber. Auch durch Heirat werden die Familien nicht getrennt, wie das in islamischen Familien der Fall ist. Auch zu den Nachbarn haben wir sehr gute Beziehungen. Ich kann jederzeit zu ihnen gehen. Es ist wie eine große Familie, wir arbeiten zusammen. Hier im Westen kennt man oft kaum den Namen des Nachbarn und grüßt sich gerade noch, wenn man sich sieht.

Wie ist das mit der Liebe? In Ladakh gibt es die Polyandrie, eine Frau kann mit mehreren Männern, meist Brüdern, verheiratet sein. Es scheint keine Eifersucht zu geben. Bei uns wird die monogame Ehe durch die sogenannte sexuelle Befreiung in Frage gestellt, aber das, was als Befreiung gilt, ist mit sehr viel Eifersucht, Konflikt, Scheidung verbunden. Du pendelst zwischen beiden Systemen. Wo stehst du selbst?

Wangchuck: In der Tat gibt es bisher bei uns keine Eifersucht. Ich selbst würde aber meine Frau nicht mit meinem Bruder teilen wollen. Das hat nichts damit zu tun, daß ich modern bin, es ist einfach meine Persönlichkeit. Vielleicht bin ich ein wenig eifersüchtig. Ich habe zwar jetzt auf der ganzen Welt Freundinnen, aber es sind keine ernsten Beziehungen. Hier im Westen erfahre ich die Frauen als sehr eifersüchtig. Für mich ist es erstaunlich, wie leicht man sich trennt und neu verbindet. Wenn ich wirklich heiraten würde, dann wäre ich mit ihr und mir sehr streng. Wenn meine Frau einen Geliebten hätte, müßte ich mich von ihr trennen.

In Ladakh werden Kinder von ihren Eltern verheiratet. Mit unserem westlichen Liebesideal wäre das schwer vereinbar. Wird es als Hindernis für die Liebe erfahren, daß die Eltern den Partner aussuchen?

Wangchuck: Nicht im geringsten. Die Liebe kommt automatisch. Meine Eltern wurden so verheiratet und sie lieben sich. Hier ist die Liebe am Anfang groß und bald zu Ende. Beziehungen werden ohne Umstände angeknüpft und hören genau so schnell wieder auf. Bei uns in Ladakh werden die Beziehungen auf astrologischer Berechnung gemacht, es gibt kaum Scheidungen, vielleicht ein oder zwei Prozent.

Im Film sagt der Alte, er hätte achtzehn Freundinnen gehabt. Wie ist das möglich, wenn so großer Wert auf eheliche Treue gelegt wird?

Wangchuck: Das ist ein lustiges System in Ladakh, jedenfalls vor fünfzig Jahren war es so, als dieser Mann noch jung war. Angenommen, Clemens und ich wären Vettern, dann dürfte ich mit seiner und er mit meiner Frau schlafen, und Vettern hat man viele; natürlich nicht ganz offen, aber im Grunde war es erlaubt. Ladakhis sind sexuell sehr fidel. Jetzt ändert sich das alles, Eifersucht fängt langsam an, jeder will nur seinen eigenen Partner. Wie ich zum Beispiel; auch meine Eltern haben versucht, mich zu verheiraten, aber ich habe ihnen klar gesagt, daß ich das nicht will, weil es mit meinem Beruf nicht vereinbar ist. Sie lassen es jetzt in meiner Hand.

Wie ist es mit deiner Mutter, läßt sie dir die Freiheit, deinen eigenen Weg zu gehen?

Wangchuck: Du kennst das Herz von Frauen, es ist wie Wachs, man kann es leicht zum Schmelzen bringen. Natürlich will sie nicht, daß ich so weit weg reise. Wenn ich abfahre, weint sie stundenlang. Jetzt haben wir das Radio. Wenn sie von einem Flugzeugabsturz hört, meint sie, ich müsse darin gesessen haben.

Wangchuck zu Hause mit seiner Mutter in der Küche.

Laß' uns zu deinem Beruf zurückkommen. Glaubst du, daß deine Arbeit sich gegen die alte Kultur richtet?

Wangchuck: Ja, es geht auch gegen die Kultur. Ich, Clemens und alle anderen, wir tun etwas Gutes für Ladakh und etwas Schlechtes. Durch seinen Film, durch mein Unternehmen wird Ladakh überall bekannt. Wenn du sagst, wir verderben damit die Kultur, dann fällt das auf uns alle zurück.

Wie ist das mit dem Hollywood-Film, der nächstes Jahr in Ladakh gedreht wird und bei dem du der Produktionsleiter sein wirst? Es ist ein 10-Millionen-Dollar-Projekt mit Anthony Quinn in der Hauptrolle. Befürchtest du nicht, daß das schlimme Folgen für Ladakh haben wird?

Wangchuck: Doch. Es werden noch mehr Touristen kommen. Aber wenn ich es nicht täte, würden sie vielleicht einen Kaschmiri nehmen. Ich kann immerhin dafür sorgen, daß

Ladakhis die Jobs kriegen und Geld verdienen. Das Geld, das in meine Hände kommt, fließt weiter an Ladakhis. Außerdem kann ich richtige Informationen geben. Die Kaschmiris wissen ja nichts von Ladakh.

Wird dieser Geldregen die Lebensgewohnheiten nicht sehr schnell verändern?

Wangchuck: Es ist die Frage, ob die Menschen sich ändern *wollen* oder nicht.

Wollen sie es denn nicht? Die westliche Kultur übt doch eine gewaltige Faszination aus, insbesondere auf junge Männer. Wie war das für dich?

Wangchuck: Ja, auch ich war sehr fasziniert von den westlichen »Dingen«, ungefähr drei Jahre lang. Ich habe mir ein Motorrad gekauft, bin übers Wochenende nach Delhi geflogen und solche verrückten Sachen, habe angefangen, zu trinken und zu rauchen. Ich hatte plötzlich viel Geld, für das ich nicht gearbeitet habe, es kam einfach zu mir. Ich weiß gar nicht, was ich damit tun soll. Plötzlich fängt man an, in Fünf-Sterne-Hotels zu gehen. Aber die Sachen verlieren ihren Reiz. Wenn ich daran zurückdenke, fühle ich Scham. Jetzt bin ich ganz zufrieden, wenn ich in einem kleinen Haus in Leh wohne. Die jungen Leute in Ladakh, die jetzt Geld in die Hand bekommen, machen es genau so wie ich. Ich rate ihnen, es nicht zu tun. Sie arbeiten als Touristenführer, bekommen 200 Rupies am Tag, haben europäische Freundinnen; das dauert drei Monate, dann ist die Saison vorbei und der lange kalte Winter kommt wieder, dann ist es, wie es immer war. Wo ist der Spaß dabei?

Es ändern sich doch nun auch die Grundlagen eurer Kultur, Mönche und Nonnen gibt es immer weniger, die Polyandrie stirbt aus, und die Autarkie der einzelnen Haushalte geht verloren.

Wangchuck: Ja. Es begann mit der Unabhängigkeit Indiens 1947. Bis dahin war Ladakh von der übrigen Welt vollkommen abgeschnitten. Die Engländer hatten niemals Soldaten in Ladakh. Erst die Inder haben die Armee geschickt und haben Schulen gegründet, Hotels, Verkehr, Arbeitsmöglichkeiten . . . Ja, es verändert sich, aber nicht nur Leh und Ladakh, die ganze Welt verändert sich.

Glaubst du, daß Ladakh auch von der ökologischen Zerstörung betroffen sein wird, wenn die westliche Zivilisation eindringt?

Wangchuck: Krankheiten werden kommen. Bei einem Atomkrieg wird niemand verschont bleiben. Aber wenn man davon absieht, wird der Prozeß sehr langsam gehen. Ladakh ist 118000 Quadratkilometer groß, und es leben dort 100000 Menschen, weniger als einer auf einem Quadratkilometer. Sie sind verteilt in sehr kleinen Gruppen über das ganze Land.

Aber die Veränderung geht doch sehr rasch vor sich. Das Erbrecht ist von der indischen Regierung geändert worden, die Klöster sterben aus; es kommen ausländische Waren ins Land, von denen die Bevölkerung abhängig wird, moderne Medizin, durch welche die Kindersterblichkeit abnimmt. All' das kann bald zu einer Überbevölkerung führen und zu wirtschaftlichen Krisen.

Wangchuck: Wenn das Geld kommt, wird auch das Bewässerungssystem mit moderner Technik erweitert, und dann können sehr viel mehr Menschen auf dem Land existieren. Bisher kommt allerdings noch kein Geld ins Land. Man spricht vom Touristenboom. Ja, den gibt es. Aber die Ladakhis verdienen kaum etwas daran. Es sind Ausländer, Kaschmiris, Delhi-Leute, die das Geld machen, sie haben all' die Geschäfte in der Hand. Für Ladakhis bleiben nur ein paar Brosamen. Trotzdem, die indische Regierung wird das Bewässerungssystem bauen.

Wie ist das Verhältnis zu den Indern?

Wangchuck: Die Inder haben keinerlei Respekt für uns, sie glauben, wir wären unwissende, dreckige Wilde, primitiv . . .

Fangen die Ladakhis an, diese Einschätzung zu übernehmen und sich selbst für primitiv zu halten, oder sind sie sich der Höhe ihrer Kultur bewußt?

Wangchuck: Bei den jungen Leuten fängt es an, daß sie alles gut finden, was aus dem Westen kommt, aber die Alten sind zufrieden und stolz. Wenn ich unser Land mit Indien vergleiche, bin ich sehr stolz. In Indien verhungern Millionen, in Kaschmir haben Tausende nicht mehr als ein Hausboot und fühlen sich über uns erhaben.

Die Inder haben also weniger Respekt als die westlichen Touristen?

Wangchuck: Ja. Aber es ändert sich etwas durch das, was die Ladakhis in der Armee leisten. Die Inder können keine Moslems aus Kaschmir an die Grenze zu Pakistan stellen, das funktioniert nicht. Die ladakhischen Soldaten haben die höchsten militärischen Auszeichnungen bekommen; sie können sich auf 5000 Meter Höhe bewegen, die Inder werden da krank, selbst wenn ihnen das Essen täglich mit dem Hubschrauber gebracht wird und ein Arzt sie versorgt.

Wie sieht die Modernisierung in Leh und Ladakh aus?

Wangchuck: Seit letztem Jahr ist Leh voll elektrifiziert. Das Stagna-Projekt ist beendet, und wir haben rund um die Uhr Strom. An dem Projekt – ein Mikrohydrogenerator im Indus – wurde neun Jahre lang gearbeitet. Ich weiß allerdings nicht, wie es im Winter funktionieren soll. Der Generator arbeitet ja mit Wasser, und der Indus friert zu bei 20, 30 Grad unter Null, und der Wasserstand ist dann auch sehr niedrig.

Und sonst?

Wangchuck: Es gibt Fernsehen. Es gibt Kinos, Videoshops, immer mehr Hotels und Restaurants; die indischen Regierungsvertreter haben ihren Sitz in Leh; immer mehr Geschäfte werden eröffnet, in denen es westliche Dinge zu kaufen gibt. Leh nennt man in Indien schon Mini-Hongkong, weil wir keine

Steuern zahlen müssen. Im Sommer kommen ungefähr 7 000 Moslems aus Kaschmir, tibetische Flüchtlinge und die Familien der indischen Soldaten nach Leh, um hier Geschäfte zu machen; zusätzlich noch 18 000 Touristen. Im Winter sind vielleicht noch 5 000 Menschen da. Viele Ladakhis von Leh haben Häuser in Delhi und verbringen dort den Winter. Die Restaurants und die meisten Geschäfte sind im Winter geschlossen. Nur noch einige große Hallen sind geöffnet, in denen die Leute zum Kartenspielen und Teetrinken zusammensitzen.

Ist es dort warm?

Wangchuck: Ja, du kannst im T-Shirt drin sitzen. In den Häusern in Leh haben sie alle einen großen Herd, der heutzutage überwiegend mit Holz geheizt wird. Das Holz kommt aus Kaschmir, wird mit Lastwagen raufgefahren. Es ist relativ günstig im Preis, weil der Transport von der indischen Regierung subventioniert wird. Es wird auch in Ladakh in den wenigen Gegenden, wo Bäume wachsen, sehr viel abgeholzt und nicht genügend aufgeforstet. Manche Familien verkaufen so viel Holz, daß sie selbst nicht mehr genügend haben.

Wie ist es überhaupt im Winter?

Wangchuck: Sehr kalt. Die Leute sitzen in der Winterküche und erzählen sich Geschichten. Da brennt ein kleines Feuer, aber es wird trotzdem kaum wärmer als ein bis zwei Grad über Null. Ich habe das selbst kaum erlebt, denn ich war meist nur zu besonderen Gelegenheiten im Winter in Ladakh, zum Beispiel zum Neujahrsfest. Alle Verwandten und Freunde kommen zusammen. 50 bis 60 Menschen sprechen durcheinander, Musiker kommen dazu, man weiß gar nicht, wie der Tag vergeht. Es wird getrunken, gesungen, man zieht von Haus zu Haus, dabei merkt man die Kälte gar nicht.
Heute werden nicht mehr so viele Geschichten erzählt, weil es in jedem Haus ein Radio gibt, in Leh auch Fernsehen, aber nur in einem Umkreis von drei Kilometern. Wirklich schlimm ist Video. Die Leute besorgen sich einen Generator, ein Videogerät und einen Fernseher und kaufen sich Filme, heiße Holly-

Die Fargos mit ihrem ältesten Sohn, der Reisemanager wurde.

wood-Filme. Die Kinder kennen die Filme in kürzester Zeit auswendig. Manchmal schließt die Polizei einen Videoshop, weil dort Pornofilme gezeigt werden, und setzt sich dann selber rein und schaut. Ich habe schon vier Jahre früher ein Videogerät gehabt und war kolossal stolz darauf. Dann erkannte ich, wie schlecht es ist. Bei uns, in den indischen Filmen, hat man noch nie jemanden nackt auf der Leinwand gesehen, nicht mal einen Kuß, und dann plötzlich solche brutalen Sexfilme... Ich merke allmählich, daß es meine Pflicht ist, das Alte zu schützen.

Weißt du dafür einen Weg?

Wangchuck: Ich denke daran, daß wir den Tourismus in Ladakh stoppen müssen oder ihn zumindest auf ein Minimum beschränken, so wie in Bhutan. Da muß man täglich über 100 Dollar umtauschen, und das können sich nur ganz wenige leisten. Wir tragen uns mit diesem Gedanken seit drei Jahren und wollen bei der indischen Regierung eine entsprechende Eingabe machen. Und alles sollte von Ladakhis betrieben werden. Jetzt bekommen die Touristen falsche Informationen. Sie haben einen Führer aus Kaschmir, der keine Ahnung von Ladakh hat.

Du wirst dich nicht durchsetzen können.

Wangchuck: Das kann man nicht sagen. Wenn der Konflikt zwischen Islam und Buddhismus ausbricht, zwischen Kaschmiris und Ladakhis, dann ist alles möglich, dann wird die Zentralregierung auf unserer Seite sein, denn bei uns braucht nicht befürchtet zu werden, daß wir mit Pakistan gemeinsame Sache machen. Wir würden den Tourismus ganz von Kaschmir abtrennen, denn Kaschmir ist schon verdorben. Die Kinder wissen bereits, wie man Touristen betrügt. So etwas gibt es bei uns nicht.

Würdest du denn auch dein eigenes Touristenunternehmen drangeben?

Wangchuck: Aber natürlich. Ich bin nicht davon abhängig. Ich habe einen Hof in Ladakh, ich produziere Aprikosen-Marmelade und Saft, die in großen Hotels in Indien verkauft werden, das ist kein Problem für mich. Ich möchte auch nicht, daß mein Bruder in mein Unternehmen einsteigt, weil ich weiß, was das für eine Sache ist.

Hast du das Gefühl, daß du deiner Seele Schaden zufügst durch deine Arbeit?

Wangchuck: (Lange Pause, tiefer Seufzer) Das kann ich nicht sagen. Ich schade meinem Volk und nütze ihm, weil ich Geld ins Land bringe. Ich arbeite mit Ladakhis und zahle sehr gut, ich feilsche nie mit ihnen.

Aber warum läßt du deinen Bruder nicht in dein Unternehmen? Glaubst du, er könnte Versuchungen nicht widerstehen, denen du widerstehen kannst?

Wangchuck: Weil es ihm schaden würde! Mein Bruder würde auch anfangen, zu reisen, dann würde er seinen Sohn mit hineinbringen, vielleicht noch weitere Familienmitglieder...

Warum ist das für sie schlecht, wenn es für dich gut ist?

Wangchuck: Weil ich in der Mitte stehe. Ich gehöre nicht mehr zum alten Ladakh und noch nicht in die moderne Gesellschaft, ich bin genau in der Mitte.

Was möchtest du denn, das dein Bruder tun soll?

Wangchuck: Ich möchte, daß er Arzt wird.

Daß er westliche Medizin studiert?

Wangchuck: Ja.

Du hast da keine Bedenken?

Wangchuck: Nein. Wir haben genügend einheimische Naturheiler, Amchis, die wird es immer geben. Wir haben auch zwei Ärzte. Sie handeln nie gegen das, was ein Amchie sagt, und fragen ihn nach seiner Meinung. Amchis wissen sehr viel über Heilkräuter und Mantras.

Wie werden Amchis ausgebildet? Sie können ja jetzt nicht mehr in Tibet studieren.

Wangchuck: Das Wissen wird von Generation zu Generation weitergegeben.

Wie wird er denn bezahlt?

Wangchuck: Er bekommt sehr wenig Geld von seinen Patienten. Es ist ja auch nicht teuer, was er macht. Er bekommt natürlich zu essen und zu trinken und Naturalien. Wie jeder andere hat er sein eigenes Haus und sein Land, von dem er lebt. Amchi hat eine sehr geachtete Position. Bei Festen hat er einen hohen Platz.

Warum möchtest du denn, daß dein Bruder westliche Medizin studiert, wenn das mit dem Amchie so gut funktioniert?

Wangchuck: Weil es schon so viele Amchis gibt, in jedem Dorf ein oder zwei. Geshe zum Beispiel ist auch Amchi. Die Zeiten ändern sich. Und die westliche Medizin kann Dinge tun, die ein Amchi nicht kann, einen Herzschrittmacher einsetzen, künstliche Nieren und solche Dinge. Außerdem dauert die Heilung mit Akkupunktur, Homöopathie und diesen Methoden viel länger. Ich weiß schon, es ist dann auch eine Heilung für immer, aber wer hat heutzutage dafür Zeit?

Was ist dir wirklich kostbar an deiner Kultur, das du nicht verlieren möchtest?

Wangchuck: Das Kostbarste sind die Klöster mit den heiligen Schriften und ihren uralten Wandmalereien und den Stupas; unsere ganze religiöse Lebenseinstellung. Ich werde meine Religion nie aufgeben. Ich habe andere Religionen studiert, Christentum, Islam, und vergleiche sie und komme zu dem Schluß, daß meine Religion die beste ist. Sie verurteilt niemals eine andere Glaubensrichtung. Sie ist wie ein Spiegel. Vielleicht gibt es deswegen so viele Menschen, die sich dem Buddhismus zuwenden.

Du gehst den umgekehrten Weg.

Wangchuck: Nein, absolut nicht, in dieser Frage niemals.

Was ist für dich das wichtigste an deiner Religion?

Wangchuck: Es sind in dieser Religion so viele Wahrheiten enthalten, zum Beispiel Reinkarnation. Ausländer halten das für Unsinn. Ich habe mit eigenen Augen gesehen, wie ein Kind aus vielen Gegenständen die herausgegriffen hat, die ihm im vorigen Leben gehörten.

Begreifst du dich selbst in einem Prozeß der Höherentwicklung in diesem Leben?

Wangchuck: Ich glaube, daß jeder Erleuchtung erlangen kann, nicht bloß Buddha. Aber um das zu erreichen, muß man sehr stark an sich arbeiten. Das funktioniert bei mir nicht. So ein Mensch bin ich nicht. Nimm zum Beispiel das Rauchen. Es ist ganz und gar gegen meine Religion. Ich könnte nie vor meinen Eltern oder Verwandten rauchen. Es ist eine schlechte Angewohnheit. Wenn du Erleuchtung erlangen willst, mußt du so leben wie Buddha. Er hat fünf Jahre unter einem Baum gesessen.

Oder der Geshe drei Jahre lang oben in seiner Klause.

Wangchuck: Ja, wir würden verrückt werden, wenn wir es täten. Es gibt viele, die jahrelang nur meditieren. Es ist ein immenses Wissen in dieser Religion vorhanden. Es gibt ein altes historisches Werk mit Prophezeiungen für unsere Zeit. Ich habe gesehen, daß sie wahr sind, zum Beispiel die Veränderungen in Leh. Die Prophezeiungen sind vor 2 000 Jahren niedergeschrieben worden, und sie erfüllen sich genau so. In dem Buch steht, daß Tibet unter chinesische Herrschaft kommen würde und der Dalai Lama fliehen müsse. Es steht auch darin, daß Tibet wieder unabhängig wird. Es wird eine Zeit beschrieben, in der die Menschen nur noch an sich selber denken, sehr gierig werden. Selbst in meinem eigenen Land kann es heute vorkommen, daß ein Bruder den anderen beneidet und sein möchte, was er ist. Das hat es früher niemals gegeben, denn das eigene Leben wurde als Erfüllung des eigenen Karmas angesehen.

Was ist in deinem Alltagsleben übrig geblieben, das du als ein Praktizieren buddhistischer Religion bezeichnen würdest?

Wangchuck: Das ist sehr schwierig . . . Jeder hat seinen eigenen Schutzgeist, meiner ist immer mit mir. Manchmal fühlst du ihn, wenn du fast in ein Auto hineingelaufen wärst und dich jemand schnell noch zur Seite gestoßen hat, und du weißt nicht, wie es passiert ist.

Hat der Hausgott noch irgendeine Bedeutung für dich?

Wangchuck: Als meine Großmutter starb, hatte sie vorher furchtbare Schmerzen. Geshe kam und sagte, es liege daran, daß wir einen Stein vor dem Haus zerbrochen hätten, der dem Hausgott gehört, und er würde deshalb eine Kraft aussenden, die der Großmutter solche Schmerzen bereite. Man konnte nichts dagegen tun, meine Großmutter starb.

Spielt dein Glaube an die Macht der Götter irgendeine Rolle bei der Art und Weise, wie du deine Entscheidungen triffst?

Wangchuck: Nein. Ich treffe meine Entscheidungen selbst. Ich weiß, was gut und was schlecht ist. Ich lüge nicht, ich betrüge niemanden, ich versuche jedem, so gut ich kann, zu helfen. Das ist meine Religion. Viele Menschen sind zu anderen nur an der Oberfläche freundlich, um sich einen Vorteil zu verschaffen. Das tue ich nie. Was ich tue, das kommt von Herzen. Wenn es möglich ist, sage ich »ja«, wenn nicht, »nein«.

Glaubst du noch daran, daß die Götter und Dämonen existieren, die den ladakhischen Himmel bevölkern?

Wangchuck: Ich stehe in der Mitte. Das ist nicht nur bei mir so, sondern bei meiner ganzen Generation. Ich habe keine wirklich tiefe Beziehung dazu, aber ich kann auch nicht die westliche Einstellung annehmen. Ich glaube noch daran. Ich gehe oft zu einem Lama und frage ihn um Rat. Als wir darüber entscheiden

Wangchuck Fargo in Deutschland.

mußten, wo der Film gedreht wird, habe ich das auch getan. Das bedeutet, daß ich Glauben habe. Wenn der Lama etwas sagt, ist die Sache klar. Ich weiß dann, was wahr ist.

Fordert er dich nicht auf, zu beten und deinen religiösen Pflichten nachzukommen?

Wangchuck: Nein, nie. Da läßt er mir völlige Freiheit.

Kannst du beschreiben, wie eine Familie ihre Religion im Alltag praktiziert?

Wangchuck: In jedem Haus gibt es einen Haustempel, morgens und abends muß frisches Wasser gebracht werden. Mein Großvater liest schon morgens im Bett in den heiligen Schriften. Er sagt ständig Mantras und Sutras auf.

Wer unterrichtet die Kinder? In den indisch-moslemischen Schulen gibt es keine buddhistische Unterweisung.

Wangchuck: Man lernt es einfach so, weil man es ständig hört, zu Hause, bei der Arbeit, im Bus, überall. Der Buddhismus ist einfach da, in den Familien, in der ganzen Kultur. Jede Familie hat ja jemanden im Kloster. Die Mönche bleiben immer in Kontakt mit ihren Familien, sie kommen regelmäßig, um Unterweisung zu geben und Zeremonien abzuhalten.

Weißt du, Wangchuck, das erstaunliche ist, daß du nicht zu leiden scheinst in diesem Prozeß des Übergangs von einer Kultur zur anderen.

Wangchuck: Nein, ich leide nicht. Wenn ich eine Entscheidung treffen muß, schreibe ich die verschiedenen Möglichkeiten auf, dann ziehe ich ein Resümee und fasse einen Entschluß, der läuft wie ein Film in meiner Vorstellung ab. Ich schaue nicht mehr zurück, sondern gehe gerade auf mein Ziel zu. Es können keine Schuldgefühle aufkommen, und ich leide nicht.
Und doch habe ich manchmal das Gefühl, daß mich dieses Leben im Westen schon ziemlich verdorben hat. Als Produktionsleiter für diesen Hollywood-Film werde ich Millionär, und berühmt. Was soll ich damit? Ladakhis sind glücklich, sie

haben keine Sorgen, sie kümmern sich um ihren Hof, das ist alles, und singen und trinken und lachen. Ich muß kämpfen.

Bedauerst du manchmal, aus der Geborgenheit deiner Kultur herausgetreten zu sein?

Wangchuck: Ich weiß es nicht. Wir alle sind Kinder unserer Zeit.

6. KAPITEL

Kleine Einführung
in Geschichte und Entwicklung
des Buddhismus

»Glaube nicht an die Macht von Traditionen, auch wenn sie über viele Generationen hinweg und an vielen Orten in Ehren gehalten werden. Glaube an nichts, nur weil viele Leute davon sprechen. Glaube nicht an die Weisheiten aus alter Zeit. Glaube nicht, daß deine eigenen Vorstellungen dir von einem Gott eingegeben wurden. Glaube nichts, was nur auf der Autorität deiner Lehrer oder Priester basiert.
Glaube das, was du durch Nachforschungen selbst geprüft und für richtig befunden hast und was hilfreich und gut für dich und andere ist.«

Shakyamuni Buddha

Wenn wir diese Worte des historischen Buddha Shakyamuni auf uns wirken lassen, wird vielleicht verständlich, warum jeder Versuch, Buddhimus als eine in sich abgeschlossene Religionsform darzustellen, den Inhalten dieser Lehre nicht gerecht wird, ja selbst die Bezeichnung als Religion kann zu der falschen Schlußfolgerung verleiten, das buddhistische Weltbild basiere auf einer reinen Glaubensdoktrin.

Um dem buddhistischen Gedankengut und seiner Betrachtungsweise der Welt gerecht zu werden, bedarf es verschiedener Voraussetzungen. Eine, vielleicht die wichtigste, stellt die Einstellung, die eigene Motivation dar, aus der heraus man sich mit den Inhalten dieser Lehre auseinandersetzt. Ohne die Bereitschaft, die grundlegenden Aussagen und Erkenntnistheorien des Buddhismus mit der eigenen, individuellen Lebenserfahrung zu verbinden und ohne die Offenheit, diese Erfahrungen einer kritischen Betrachtungsweise zu unterziehen, werden einem viele inhaltliche Schlußfolgerungen unverständlich bleiben.

So könnte man Buddhismus vielleicht am treffendsten als einen Weg der Selbstverwirklichung umschreiben, der uns die Möglichkeit bietet, auf das fundierte Wissen und die wertvollen Erfahrungen jener zurückzugreifen, die diesen Weg in den letzten 2500 Jahren bis zu ihrer vollständigen Verwirklichung beschritten haben.

Zum grundlegenden Selbstverständnis des Buddhismus gehört auch sein Wille zur Gewaltfreiheit. So hat er auch stets in der Auseinandersetzung mit Andersdenkenden und -gläubigen auf die Überzeugungskraft seiner Gedanken und Ideen vertraut, und nicht auf eine Bekehrungsideologie durch Waffengewalt und weltliche Macht zurückgegriffen.

Ein Beispiel dafür sind die vielen Dispute, die auch die einzelnen buddhistischen Schulen untereinander führten. Die jeweils hervorragendsten Denker beider Richtungen setzten sich, in oft monatelanger Diskussion und in Begleitung ihrer gesamten Anhänger, mit den vorgetragenen, kontroversen Thesen auseinander.

Sobald eine der beiden Meinungen durch Argumentation und Beweisführung endgültig widerlegt war, schlossen sich deren Anhänger der nun als richtig erkannten und überprüften These an, oder gingen davon ab, ihre Thesen weiter zu verbreiten.

Durch die grundsätzliche Einsicht, daß jede gewaltsame Überzeugung Andersdenkender wieder neue Konflikte heraufbeschwören und zusätzliche Hindernisse auf dem Weg zu einer befreienden Selbsterkenntnis schaffen würde, war es den buddhistischen Ländern auch oft nicht möglich, sich gegen die gewaltsame Intervention anderer Religionen oder Weltanschauungen zu schützen. Das jüngste, historische Beispiel hierfür finden wir in der Besetzung Tibets durch das kommunistische China. Auch dort haben es die religiösen Führer und große Teile des Volkes vorgezogen, ihre Heimat zu verlassen und den Status von Asylanten und Flüchtlingen auf sich zu nehmen, um zusätzliches Blutvergießen und gewaltsame Auseinandersetzungen zu vermeiden. Trotz unvorstellbarer, jahrzehntelanger Repressionen, die die Zerstörung fast aller Klöster und religiöser Objekte sowie ein generelles Verbot aller religiösen Betätigungen beinhaltete, haben die Tibeter die innere Praxis ihrer Form des Buddhismus nie aufgegeben.

Auch die Vielzahl der verschiedenen Formen des Buddhismus, wie Hinayana, Mahayana, Vajrayana und Zen, ist Ausdruck einer Geisteshaltung, die allen Einsichten und Anschauungen die Möglichkeit gibt, sich in den lebendigen Prozeß der Entwicklung und Erweiterung einzugeben, der seit Buddhas Zeiten stattfindet.

Ein altes tibetisches Sprichwort sagt:

> Äußerlich übe Hinayana,
> Innerlich übe Mahayana,
> Und insgeheim übe Vajrayana.

Der praktizierende Buddhist weiß um die Relativität jeglichen Wissens und betrachtet seine eigene Selbstverwirklichung als Teil eines großen Prozesses, der ihn mit allen Wesen verbindet.

So steht am Anfang jeder eingehenden Belehrung der Hinweis auf den geistigen Urheber einer bestimmten Lehrmeinung, samt seinen, oft sehr zahlreichen Nachfolgern, bevor man zu der eigentlich beabsichtigten Aussage kommt.

In diesem Sinne ist die Kenntnis der Lebensgeschichte des historischen Buddhas für ein weiteres Verständnis des Buddhismus sicherlich hilfreich.

Buddha (»der Erwachte«) ist der Ehrenname des Begründers der Lehre, die wir Buddhismus nennen. Sein persönlicher Name wird zumeist als Siddharta (»der sein Ziel erreicht hat«), aber auch als Gautama (nach dem Namen eines Lehrers, mit dem sich seine Familie sehr verbunden fühlte) angegeben. Da er dem Adelsgeschlecht der Shakyas angehörte, wird er auch als Shakyamuni, der Weise unter den Shakyas, bezeichnet.

Shakyamuni wurde um das Jahr 560 v. Chr. als Sohn des Königs Suddhodana in der am Himalaja gelegenen Stadt Kapilavastu geboren. Der Überlieferung nach wurde ihm schon bei seiner Geburt prophezeit, daß er entweder ein großer Weltenherrscher werden oder den Pfad eines Asketen, Heiligen und Religionsgründers einschlagen würde. Sein Vater, hocherfreut über die erste Alternative, überhäufte den jungen Prinzen mit allem erdenklichen Reichtum und Luxus und versuchte gleichzeitig, alles Beschwerliche und Unangenehme von ihm fernzuhalten. So wuchs Siddharta, von den Sorgen und Nöten menschlichen Daseins abgeschirmt, in einer Welt des Überflusses und der Freuden auf, und als er in jungen Jahren die wunderschöne Prinzessin Yasodhara heiratete, schien sein zukünftiger Weg als Herrscher über das Königreich klar vorgezeichnet zu sein.

Eines Tages jedoch, bei einer Ausfahrt in die nahegelegene Stadt, begegnete der Prinz einem alten Mann, den die Jahre ausgezehrt hatten und dessen Lebenskraft am Verlöschen war. Da er in seinem Palastleben fast nur von jungen und ansehnlichen Menschen umgeben war, erschütterte ihn die Auskunft seines Wagenlenkers Chandra sehr, daß dieser Mann das Stadium des Alterns durchlaufe, genauso wie dies jeder Mensch früher oder später tun werde. Auf nachfolgenden Ausfahrten begegnete der Prinz einem Pestkranken, der seine Schmerzen kaum noch ertragen konnte, und sah einen Leichenzug vorüberziehen, der einen Toten zur Verbrennungsstätte brachte. Von seinem Wagenlenker über die Häufigkeit von Krankheit und die Unvermeidbarkeit des Todes für jedes

Der historische Buddha Shakyamuni.

lebende Wesen aufgeklärt, war der junge Prinz zutiefst verstört.

Nach seiner Rückkehr in den Palast versank er lange Zeit in Schweigen und konnte den Genüssen und Vergnügungen des Palastlebens keine Freude mehr abgewinnen. Die Erkenntnis, daß Krankheit, Alter und Tod ihn, seine geliebte Frau und seinen eben geborenen Sohn Rahula, wie alle anderen Menschen auch, früher oder später ereilen würden, ließ ihn nicht mehr zur Ruhe kommen.

Bei einer erneuten Ausfahrt traf er schließlich auf einen Wanderasketen, der völlig mittellos auf der Suche nach einem Leben jenseits von Geburt, Krankheit, Alter und Tod war. Dieser Mensch beeindruckte Siddharta durch seine friedvolle und freundliche Ausstrahlung so sehr, daß er sich entschloß, seinem Beispiel zu folgen.

So verließ er eines Nachts den Palast und seine Lieben, entledigte sich in einem nahegelegenen Wald seiner teuren Kleider und begann mit 29 Jahren eine innere und äußere Wanderschaft, die ihn erst viele Jahre später an seinen Geburtsort zurückbringen würde.

In der Folgezeit schloß er sich verschiedenen Lehrern, Yogis und Asketen an, doch schon bald hatte er diese an Einsicht und Verständnis überflügelt, ohne jedoch seinem eigentlichen Ziel der Befreiung wirklich näherzukommen. So begab er sich in Begleitung von fünf Schülern nach Uruvela, meditierte dort sechs Jahre am Ufer eines Flusses und versuchte, durch strengste Askese seinen Geist von allen Täuschungen und Verdunkelungen zu befreien. Als sein Körper aber immer schwächer wurde, sein Geist zu ermatten begann, ohne daß er seinem Ziel wesentlich näher gekommen war, entschloß er sich, wieder normal zu essen und zu trinken. Seine Schüler wähnten ihren Lehrer nun als abtrünnig, und in der Überzeugung, daß er sein ursprüngliches Bestreben aufgegeben habe, verließen sie ihn.

So zog Shakyamuni alleine weiter, bis er sich eines Abends unter einem Feigenbaum in der Nähe des heutigen Gaya niederließ, mit dem festen Entschluß, sich erst dann wieder von diesem Platz zu erheben, wenn er die lang ersehnte, wirklich befreiende Erkenntnis erlangt habe. Selbst als bald darauf schwere Stürme und Unwetter seinen Meditationsort umtosten, ließ er sich nicht von seinem Vorhaben abbringen.

»Möge meine Haut schrumpfen, möge meine Hand verdorren und mögen sich meine Gebeine auch auflösen, solange ich nicht auch die letzte Erkenntnis gefunden habe, werde ich mich nicht mehr von hier fortbewegen.«

Nach der Überlieferung hatte der Buddha in der ersten Nachtwache eine Vision über alle seine früheren Existenzen. In der zweiten Nachtwache erkannte er den Zustand der gegenwärtigen Welt, sein Geist umfaßte alle lebenden Wesen, ihre Empfindungen, ihre Handlungen und ihre vergangenen und zukünftigen Existenzen. In der dritten Nachtwache, als es schon zu dämmern begann und nur noch der Morgenstern am Himmel sichtbar war, gelangte der Buddha zur vollständigen Befreiung, zur absoluten Erkenntnis. Er war erwacht, eins mit seinem erleuchteten Wesen.

So verweilte der Buddha vier Wochen an diesem Platz.

Der Mythologie nach versuchte nun *Mara*, den Erwachten mit immer neuen Ablenkungen in seiner Geisteshaltung zu stören, doch all seine Versuche scheiterten kläglich. Da er befürchtete, daß durch Buddhas Lehren viele Wesen Befreiung erlangen und sich seiner Macht entziehen könnten, versuchte er ihm schließlich einzusuggerieren, daß er, nachdem er nun die letzte Erkenntnis erreicht habe, seinen Körper verlassen und in das Nirvana eingehen solle. Dies war ein heikler Punkt, da sich auch Buddha noch nicht entschlossen hatte, den Weg zur Befreiung zu lehren, denn: *»Diese Lehre, die sich gegen den Strom wendet, schwer zu verstehen und zu erfassen ist sie von denen, die noch von Gier, Haß und Leidenschaft überwältigt und von der Menge des Dunkels umgeben sind.«*

Doch Brahma, der Herr der Welt, wandte sich daraufhin inständig an Shakyamuni und bat ihn, seine Entscheidung zugunsten aller leidenden Wesen noch einmal zu überdenken.

»Nachdem ich nun das Anliegen des Brahma erkannt hatte, überblickte ich, durch Mitleid zu den Wesen bewogen, mit dem Auge des Erwachten die Welt. Und wie es in einem Teich weiße

Taglotusse, rosa Lotusblüten und auch Nachtlotusse gibt, von denen manche vom Wasser überflutet sind, andere in der Höhe des Wasserspiegels verweilen und wieder andere über ihn hinauswachsen, sah ich Wesen von geringer und von großer Unreinheit, scharf- und stumpfsinnige, solche mit guten und solche mit schlechten Anlagen, leicht und schwer zu Belehrende und auch solche, die während sie leben schon die Gefahr erkennen. Und ich entschloß mich, allen die Ohren haben zu hören, die Tore zur Unendlichkeit aufzustoßen.«

Bald darauf verließ er den Platz seines Erwachens, und nach kurzer Wanderschaft traf er im Tierpark von Benares seine fünf ehemaligen Schüler wieder. Als diese ihn aus der Ferne erkannten, wollten sie ihm erst ausweichen und ihn nicht beachten. Doch je näher er kam, desto mehr wurden sie von seiner lichtvollen Ausstrahlung ergriffen, und als er schließlich vor ihnen stand, begrüßten sie ihn mit Achtung und großer Freude. Als der Buddha ihnen dann in der berühmten Belehrung von Benares die Essenz seiner Erkenntnis offenbarte, hatte er seine ersten Schüler gefunden und das Rad der Lehre in Bewegung gesetzt.

Schon nach kurzer Zeit war die erste Mönchsgemeinde auf über 1000 Personen herangewachsen, die fortan mit dem Erwachten durch das Land zog, um seine Belehrungen aufzunehmen. Im Laufe der Zeit wurde selbst der Widerstand der Vertreter der alten Religionen geringer, und viele namhafte *Brahmanen* schlossen sich der Mönchsgemeinde an. Zweiunddreißig Jahre nach dem Auszug aus seinem Elternhaus kehrte der Buddha in seine Geburtsstadt zurück, wo sein Vater, seine Tante (die ihn nach dem frühen Tod seiner Mutter erzogen hatte), seine Gattin und sein Sohn ihn mit großer Freude empfingen. Er verkündete ihnen und dem ganzen Volk die Lehre von der Befreiung und gab ihnen Ratschläge für den Alltag.

»Dies sind die fünf Regeln für das tägliche Leben: Habt Mitempfinden mit anderen und achtet auch das geringste Leben. Gebt und empfangt freimütig, aber nehmt nichts ungebührlich entgegen. Sagt niemals eine Lüge, auch dann nicht, wenn es die

Situation zu entschuldigen scheint. Meidet Genußgifte und unsittliche Handlungen und achtet die Frauen.«

Nach Jahren der Wanderschaft und Belehrungen kam der Buddha, inzwischen 80jährig, in die Stadt Kusinara. Dort erkrankte er schwer an einer Mahlzeit, und sein Leben neigte sich dem Ende zu. Umringt von seinen Schülern, die ihn jahrzehntelang begleitet hatten, erinnerte er sie ein letztes Mal an die Essenz seiner Lehren.

»Nichts ist in den sichtbaren und unsichtbaren Welten außer einer einzigen Kraft, die ohne Anfang und Ende ist, nur ihrem eigenen Gesetz untertan ... Versucht nicht, seine Unermeßlichkeit in Worte zu fassen.. Wer fragt, irrt schon, und wer antwortet, ebenfalls.. Erhofft euch keine Hilfe von den Göttern, sie sind wie ihr dem Gesetz von Ursache und Wirkung unterworfen, auch sie werden geboren, altern und sterben, um wiedergeboren zu werden. Sie können ihr eigenes Schicksal nicht wandeln, wie könnten sie euch helfen? ... Seid euch selbst ein Licht, seid euch selbst Zuflucht ...«

Als seine Schüler sahen, daß ihr geliebter Lehrer sie bald verlassen würde, brachen sie in Tränen aus. Und der Erwachte erinnerte sie noch einmal an die Vergänglichkeit allen Seins.

»Warum trauert und klagt ihr? Habe ich euch nicht immer verkündet, daß alles Liebe- und Freudebereitende sich wandelt, sich von uns trennt und anders wird? Wie sollte dies jetzt möglich sein, daß was geboren, geworden und durch eine Verbindung von Ursachen entstanden ist, nicht vergehen würde? Einen solchen Zustand gibt es nicht, und auch der Körper des Buddha muß wie alles, das entstanden ist, wieder vergehen. Der Vergänglichkeit unterworfen sind alle Gestaltungen, deshalb sollt ihr euch unermüdlich bemühen.«

Dann legte sich der Erwachte in der Löwenhaltung auf die rechte Seite und versank in tiefer Meditation. Niemand bemerkte den Augenblick, als er aus der Versenkung endgültig in das Nirvana einging.

Der buddhistische Kanon, d. h. Aussagen, die Buddha selbst zugeschrieben werden, sowie deren Kommentierung und inhaltliche Weiterführung, stellt wohl die umfangreichste Sammlung weltanschaulicher Texte in der menschlichen Geschichte dar. In den Überlieferungen heißt es, daß Shakyamuni Buddha 84000 verschiedene Belehrungen gegeben habe, entsprechend der Vielzahl menschlicher Charaktere. Im Laufe der Jahrhunderte sind daraus immer wieder einzelne Passagen als besonders bedeutend hervorgehoben worden, und neue Bewegungen und Schulen gruppierten sich um diese Darstellungen. Trotz der Vielzahl der entwickelten Lehrmeinungen und Auslegungen bilden bestimmte Einsichten und Erkenntnisse das geistige Fundament des Buddhismus, auf das sich alle Schulen berufen. Einige von ihnen werden in einer kurzen Zusammenfassung hier dargestellt.

Das Rad der Existenz – Karma und Wiedergeburt

Der Buddhismus geht davon aus, daß alle unsere Probleme durch unsere dualistische Wahrnehmungsweise entstehen. Wir erleben die Welt unterteilt in Subjekt und Objekt, in Innen und Außen.

Diese Spaltung in ein eingebildetes »Ich«, das getrennt von allem »Anderen« erlebt wird, bildet die Voraussetzung für eine Vielzahl weiterer Täuschungen. Getrieben von dem Wunsch nach Glück und Zufriedenheit und fasziniert von den sich ständig wandelnden Phänomenen einer scheinbar äußeren Welt, ist dieses »Ich« nicht mehr in der Lage, sich mit dem ursprünglichen, klaren und lichtvollen Wesen seiner eigentlichen Natur zu verbinden. So jagt es aufgeregt durch eine Welt, voll von Sinnesreizen und -eindrücken, die auf Grund ihrer Vergänglichkeit niemals dauerhaft befriedigen können, und verstrickt sich immer tiefer in das Wechselspiel von Sympathie und Antipathie, von Freude und Leid.

Die daraus resultierenden Handlungen mitsamt ihren Folgen finden sich im *Karma* eines jeden Wesens wieder. Karma bezeichnet das Gesetz von Ursache und Wirkung, nachdem alle Handlungen von Körper, Rede und Geist Wirkungen zeitigen, die wiederum zu neuen Ursachen für wieder neue Wirkungen werden.

Wenn wir dieses auf eine ethische Grundlage stellen, würde die vereinfachte Formel lauten: Gute Taten, d. h. Handlungen, die einer Ich-freien Motivation und entsprechenden Einsichten entspringen, haben gute Wirkungen; schlechte Taten, d. h. Handlungen, die aus einer Ich-fixierten Motivation und geistiger Verwirrung entspringen, haben schlechte Wirkungen. Dies' bezieht sich sowohl auf unsere Umwelt als auch auf uns selbst. Da in der buddhistischen Sichtweise kein getrenntes Subjekt-Objekt Universum existiert, werden wir immer mit den Wirkungen unseres Handelns verbunden bleiben.

Das karmische Prinzip stellt so den Treibstoff (besser noch: den Triebstoff) dar, der den Kreislauf der Wiedergeburt in Bewegung hält.

Der Gedanke der Wiedergeburt findet sich in vielen Religionen wieder. Wie wir leicht durch einfache Alltags-Beobachtungen feststellen können, vollzieht sich Leben, wie wir es kennen, in immer-wiederkehrenden Kreisläufen. Der Wechsel von Tag und Nacht, der Phasenwandel des Mondes oder der Ablauf der Jahreszeiten, in allem spiegeln sich zyklische Prozesse, die in ihrer Gestaltung verschieden sind, sich in ihrer Essenz jedoch prinzipiell gleichen. Gerade in den Jahreszeiten finden wir ein anschauliches Beispiel für den ständigen Kreislauf des Geborenwerdens und Vergehens. Gehen wir nun davon aus, daß die Aufteilung in getrennte »Innen- und Außenwelten« willkürlich und falsch ist, können wir diese Beobachtungen auch auf unsere eigene Existenz übertragen.

Doch ähnlich wie wir heute als erwachsene Menschen nicht mehr identisch, aber auch nicht losgelöst, von unserem früheren Dasein sind, wird unsere zukünftige Wiedergeburt zwar durch dieses Leben bedingt, aber nicht mit ihm identisch sein. Die Vorstellung, daß unser »Ich-Bewußtsein« den Wandlungs-

Eine bildhafte Darstellung des ununterbrochenen Kreislaufes von Werden und Vergehen, mitsamt seinen Ursachen und verschiedenen Wiedergeburtsbereichen.

Die drei Wurzelursachen für unser Dasein im Zentrum des Rades durch den schwarzen Eber (gleichbedeutend mit Unwissenheit, Ignoranz und Ich-Wahn), einem roten Hahn (gleichbedeutend mit leidenschaftlichem

Verlangen, Gier und Anhaftung) und einer grünen Schlange (gleichbedeutend mit Haß und Aggression) dargestellt.

Der innere, sechsteilige Ring zeigt die Entwicklung aus dem Leidenskreislauf auf. Es sind die sechs Wiedergeburtswelten, die (von oben rechts herum) den Bereich der Götter, der Gegengötter, der Höllenwesen, der Hungergeister und der Menschenwesen darstellen. Eine Geburt in der Menschenwelt gilt als äußerst kostbar, da sie allein alle die notwendigen Voraussetzungen für eine Befreiung aus dem Existenzenkreislauf mit sich bringt. In allen sechs Bereichen ist jedoch der Bodhisattva Avalokiteshava (tib. Chenrezig) in verschiedenen Formen aktiv, um den Wesen zu helfen.

Den äußeren Ring bilden die 12 Glieder des abhängigen Entstehens, die verschiedenen Entwicklungsstufen des Leidens, die sich in einer Art Kettenreaktion vollziehen. Die verschiedenen Darstellungen symbolisieren (angefangen oben rechts im Uhrzeigersinn) Unwissenheit, karmische Anhäufung, verdunkeltes karmisches Bewußtsein, Name und Form, Sinnesbewußtsein, Kontakt (welcher zu Sympathie und Antipathie führt), Gefühle, Anhaftung, Ergreifen, Werden (oder Geburt) und schließlich Alter und Tod.

Das Rad der Existenz wird gehalten von Yama, einer Verkörperung des Todes oder des Raumes, welcher für Geburt, Tod und Weiterleben sorgt. Lediglich Buddha Shakyamuni (rechts oben) und der Bodhisattva Avalokiteshvara stehen außerhalb dieses Raumes.

So gesehen beschreibt der äußere Ring die Wahrheit des Leidens, der mittlere Ring, die sechs Bereiche des Anstoßes zum Leiden und der innere den Ursprung des Leidens.

prozeß des Todes »überleben« könnte, wird von Buddha entschieden widerlegt.

»Und König Milinda fragte den Weisen Nagasena: ›Wenn einer wiedergeboren wird, ist es dann derselbe oder ist es ein anderer?‹ Nagasena antwortete: ›Weder derselbe noch ein anderer. So wie der Säugling nicht derselbe wie der Erwachsene ist und wie die Flamme in der ersten Nachtwache nicht dieselbe ist wie die der letzten Nachtwache, ist der Verstorbene nicht derselbe wie der Wiedergeborene. Wie kann sich aber Wiedergeburt vollziehen, ohne daß etwas hinüberwandert? Genau so wie wenn man ein Licht an einem anderen entzündet oder wie ein Vers, der von

einem Schüler dem Lehrer nachgesprochen wird. Nicht ist der Verstorbene derselbe wie der Wiedergeborene, und doch reiht sich eine Kette von Dharmas in ununterbrochener Reihe aneinander.«

Aus »Die Fragen des Königs Milanda«

Diese *Dharmas,* von denen der weise Nagasena hier spricht, bilden ein Kernstück in der buddhistischen Lehre. Lange bevor die westlichen Naturwissenschaften ein ähnliches Weltbild entwickelten, hat Buddha die Zusammensetzung des Universums über die Lehre der bedingten Daseinsfaktoren erklärt. Dharmas könnten als die kleinsten, geistig-materiellen Bausteine der Welt bezeichnet werden, durch deren Zusammenwirken innere und äußere Wirklichkeit entsteht. Sie entstehen und vergehen in jedem Augenblick. Da sie in ihrer Existenz jedoch voneinander unabhängig sind, bildet sich so eine ungebrochene Kontinuität, die uns die Welt wie auch uns selbst als etwas Festes und Unvergängliches erfahren läßt.

So wird z. B. »das Sehen« als das »Dharma des Sehbewußtseins« umschrieben. Es ist abhängig von einer wahrnehmbaren Form einerseits sowie einem wahrnehmbaren Organ (das Auge) andererseits. Trotzdem ist es nicht mit der Form und dem Auge identisch. Ähnlich verhält es sich mit unserem Fühlen, Riechen, Schmecken, Hören und Denken.

»›Wodurch erinnert sich ein Mensch?‹ fragte König Milanda. ›Durch das Funktionieren des Dharma Sich-Erinnern‹, antwortete Nagasena.
›Aber wieso nicht durch sein Denkorgan‹, entgegnete daraufhin erstaunt der König.
Der Weise erwiderte: ›Hast du schon jemals etwas vergessen? Fehlte dir damals das Denkorgan?‹«

Aus »Die Fragen des Königs Milanda«

Analog der Lehre von Dharmas ist unsere menschliche Existenz von fünf grundsätzlichen Daseinsfaktoren abhängig. Körper, Gefühl, Unterscheidungsvermögen, Triebkraft und Bewußtsein bilden zusammen das Wesen, das wir allgemein als

»Ich« bezeichnen. Da sich die einzelnen Elemente zum Zeitpunkt unseres Todes wieder aus diesem Verbund lösen, geht unserem »Ich« die Grundlage seiner Identifikation verloren. Der Tod bedeutet somit für unser individuelles, Ich-fixiertes Bewußtsein sehr wohl etwas Endgültiges; nicht jedoch für die Wirkungen, die durch sein Handeln, Fühlen und Denken erzeugt wurden. Oder, wie es vereinfacht ein buddhistischer Lehrer einmal ausdrückte: »Die einzig Überlebenden nach eurem Tod werden eure Gewohnheiten sein . . .«

Diese »Gewohnheiten« können sich entsprechend ihrer Eigenarten in vielfältiger Form wieder manifestieren. Neben der von uns meist als selbstverständlich vorausgesetzten, menschlichen Form gibt es auch noch die Bereiche der Höllenwesen, Hungergeister, Tiere, Halbgötter und Götter, in denen wir wiedergeboren werden können. Die Geburt als Mensch wird aus buddhistischer Sicht als die kostbarste Möglichkeit betrachtet, da sie allein alle Voraussetzungen in sich trägt, die für die Befreiung aus dem ewigen Wiedergeburtskarussell notwendig sind.

Die vier »edlen« Wahrheiten

Doch warum sollten wir uns aus diesem Kreislauf überhaupt befreien wollen, wenn uns durch die Ausübung guter Taten in zukünftigen Existenzen Glück, Wohlstand und Zufriedenheit sicher wären? Die Antwort auf diese Frage geben die *Vier edlen Wahrheiten*, eine der fundamentalsten Belehrungen, die Buddha gegeben hat.

»Das Leben ist ein langer Todeskampf, es ist nichts als Leid. Das Kind hat recht, wenn es weint, sobald es auf die Welt gekommen ist. Das ist die erste der vier Wahrheiten.«

Wir, wie auch alle anderen Wesen in den sechs Bereichen, suchen in unserem Leben Glück und Zufriedenheit. Doch wir alle sind seit unserer Geburt einem Alterungsprozeß unterworfen, der uns eines Tages unweigerlich mit dem Tod konfrontieren wird. Da es unzählige zusätzliche, lebensbedrohende Faktoren gibt, können wir nicht einmal auf ein hohes Alter hoffen, sondern müssen jeden Tag mit der Möglichkeit eines frühzeitigen Todes rechnen. Wir werden, wann immer dies auch eintreten mag, von allem Lieben getrennt sein, und unsere gesammelten Reichtümer, unser beruflicher Erfolg oder unsere gesellschaftliche Stellung werden uns nicht davor bewahren. Doch auch schon während unseres Lebens werden wir dauernd mit dem Phänomen der Wandlung konfrontiert. Kaum haben wir gelernt, den Erfordernissen einer bestimmten Zeit zu genügen, kommen neue Anforderungen, neue Hindernisse auf uns zu. Auch wenn wir im Moment völlig gesund sind, müssen wir ständig dafür sorgen, daß unser Körper die richtige Nahrung erhält, vor Kälte und Hitze geschützt ist und all' seine Bedürfnisse erfüllt werden. Um die entsprechenden Mittel dafür zu bekommen, müssen wir einträglichen Tätigkeiten nachgehen, unabhängig davon, ob diese sinnvoll sind und wir sie gerne tun. Trotz all' dieser Anstrengung wird uns Krankheit und Schmerz nur in den seltensten Fällen erspart bleiben. Selbst wenn wir es schaffen, ein zufriedenstellendes Maß an Glück zu erreichen, müssen wir ständig darum kämpfen, daß es erhalten bleibe, ohne auch nur den Hauch einer Chance, aus diesem Kampf als Sieger hervorzugehen.

Dauerhaftes Glück ist unter diesen Umständen nicht zu erreichen, und deshalb lautet die erste der vier Wahrheiten, daß unsere Existenz untrennbar mit leidvollen Zuständen verbunden ist.

»Die zweite Wahrheit ist, daß alles Leid aus dem Durst der Begehrlichkeit entsteht. Der Mensch hängt sich an Schatten... er stützt sich auf ein falsches Ich und richtet sich in einer bloß eingebildeten Welt ein. Wenn er stirbt, ist er gesättigt von einem vergifteten Trank und wird wiedergeboren, um erneut von diesem Trank zu trinken.«

Die Ursache des Leidens liegt jedoch nicht in den äußeren Bedingungen unseres Lebens. Unsere Wünsche und Begierden sind die eigentlichen Ursachen unseres Da-Seins und bestimmen zumeist, wie wir unser Leben ausrichten. Wir suchen ständig nach Situationen und Möglichkeiten, von denen wir annehmen, daß sie uns glücklich machen, und leben in ständiger Angst, daß uns leidvolle Erfahrungen wie Krankheit,

Verlust und Tod die Erfüllung dieser Wünsche verleiden. Gemäß diesen Wünschen interpretieren wir die Welt, fühlen uns von scheinbar Angenehmem magnetisch angezogen, lehnen alles Gegenteilige ab und bleiben dem Rest gegenüber gleichgültig. Selbst wenn wir am Ziel unserer Wünsche angelangt sind, dauert es meist nur kurze Zeit, bis wir erneut unzufrieden sind. Unsere ganze Wahrnehmung wird durch dieses »Wollen« gefiltert, und so sind wir nicht in der Lage, zu erkennen, daß uns Vergänglichkeit und permanenter Wandel diese Art der Glückserfüllung immer verwehren werden. Selbst nach unserem Tod wird uns dieser »Lebensdurst« begleiten und über Form und Gestalt zukünftiger Existenz bestimmen.

»Die dritte Wahrheit sagt, daß es ein Ende des Leids gibt. Ihr werdet dieses Ende aber nicht finden, wenn ihr nicht alle Wünsche und Leidenschaften aus euren Herzen verjagt...«

Wenn wir nun das innere Feuer dieser Leid-en-schaft-en zum Erlöschen bringen, indem wir Glück nicht mehr abhängig von Sinnesreizen und -eindrücken, äußeren Umständen und vergänglichen Phänomenen machen, könnte sich unser Geist wieder beruhigen. Wir würden den Zusammenhang zwischen unseren Wünschen und verschiedenen leidvollen Zuständen klar erkennen und nach Wegen suchen, uns aus diesem Kreislauf zu befreien.

»Nun hört die vierte Wahrheit vom achtfachen Pfad. Achtet zuerst auf das Karma, von dem eure zukünftige Existenz abhängt. Sorgt dafür, daß ihr nur gute Gefühle hegt und Zorn überwindet, bewacht eure Lippen, als wären sie das Tor zu einem Königspalast, damit nichts Unreines über sie komme. Richtet eure Handlungen so ein, daß das Übel bekämpft, das Gute gefördert wird. Habt ihr in Befolgung dieser vier Wege den Egoismus ausgerottet, den falschen Glauben, den Haß und die Verblendung, so werdet ihr in der nächsten Existenz fähig sein, die vier übrigen Stufen des achtfachen Pfades zu durchlaufen: rechtes Leben, rechtes Denken, rechtes Streben und rechte Versenkung. So werdet ihr ganz von selbst mit der Überwindung des Wunsches zu leben, den Himmel zu gewinnen und der Überwindung des Hochmuts, dem Nirvana nahekommen...«

Buddhas Belehrungen bestanden nicht nur aus einer Analyse unseres Daseins, sondern er vermittelte eine Vielzahl von Übungen und Anleitungen, die es dem Praktizierenden ermöglichen, diesen achtfachen Pfad zu beschreiten. Er ist vergleichbar einem Arzt, der unsere Krankheit erkannt hat und über die entsprechende Medizin verfügt, die diese Krankheit heilen kann. Gleichwohl kann er uns seine »Therapie« nur anbieten. Wir selbst müssen durch das Befolgen seiner Ratschläge und der Einnahme der Medizin Verantwortung für unser Handeln übernehmen, um so in den Heilungsprozeß eintreten zu können.

Nirvana

Der Zustand, der erreicht wird, wenn sich ein Wesen endgültig aus dem Kreislauf der Wiedergeburten befreit hat, wird mit dem Begriff des Nirvana umschrieben. Nirvana stellt das letztendliche Ziel jedes praktizierenden Buddhisten dar, ohne das es jedoch in den Begrifflichkeiten unseres dualistischen Denkens erläutert oder beschrieben werden kann. Einerseits ist es ein Ziel, das zumeist nur nach einer langen, langen Zeit des Bemühens erreicht werden kann, andererseits ist es die »So-heit« unseres eigentlichen Wesens, von der wir noch keinen Augenblick getrennt waren oder jemals sein werden. Unsere Konzepte, Vorstellungen, Fixierungen und neurotischen Geisteshaltungen bilden die eigentlichen Mauern, die uns von der Erfahrung dieser So-heit trennen, unsere innere Arbeit sollte demnach darin bestehen, diese »Mauern« durch Einsicht und Umsetzung aufzulösen. Dann erst wird unser Blick frei sein und sich die Erfahrung des Nirvana manifestieren können.

Der Versuch, Nirvana konkret zu umschreiben, gleicht dem Versuch eines Malers, einen nach allen Seiten hin offenen Kreis zu zeichnen. Nirvana meint einen Zustand der Erfahrung, der voraussetzt, daß der ihn Erfahrende aufgehört hat, als Beobachter und Außenstehender zu existieren. Somit bleibt das

Wissen um das »unendliche, klare Licht«, »die Leerheit« denjenigen vorbehalten, die bereit sind, in das »donnernde Schweigen der Buddhas« einzustimmen.

Die geschichtliche Entwicklung nach Buddhas Parinirvana

Vor seinem Tode hatte Shakyamuni wohl das Kommen eines neuen Buddhas namens *Maitreya* in einigen tausend Jahren vorausgesagt, für die nähere Zukunft aber keinen direkten Nachfolger bestimmt. So bildeten sich bald nach seinem *Parinirvana* einzelne Gruppen, die sich auf bestimmte Teile der Lehren konzentrierten und sie gemäß ihrer Erfahrungen interpretierten. Sie standen jedoch zumeist in regem Austausch miteinander, denn trotz unterschiedlicher Auffassungen beriefen sie sich alle auf die Belehrungen, die Buddha selbst gegeben hatte.

Der buddhistische Kanon, die schriftliche Niederlegung seiner Reden, entstand jedoch erst um das Jahr 363 v. Chr., dem Jahr des 2. buddhistischen Konzils. Dieses, ebenso wie das erste um 473 v. Chr. bei Rajagriha, diente vor allem dem Zweck, die Reden Buddhas, die einzelne Schüler wortgetreu im Gedächtnis bewahrt hatten, in ihrer Stimmigkeit mit den Erinnerungen anderer zu vergleichen, um so Fehler und Unstimmigkeiten soweit wie möglich auszuschließen.

Da wir heute meist nur noch über ein Kurzzeitgedächtnis verfügen, klingt die Tatsache, daß jemand über Jahrzehnte hinweg umfangreiche Belehrungen in seinem Gedächtnis behalten und wieder abrufen konnte, für uns oft unglaublich. Doch auch heute ist es z. B. bei Mönchen des tibetischen Buddhismus Tradition, Belehrungen und Texte des Buddhas und anderer hoher Lehrer wortgetreu auswendig zu lernen. Dieses Geistestraining ist ein wesentlicher Teil buddhistischer Schulung.

Wenn man weiterhin davon ausgeht, daß verschiedene Schüler Buddhas schon frühzeitig eigene Wege gingen und ihre Erinnerungen über lange Zeit nur wiederum an einige ausgewählte Schüler weitergaben, klingt es durchaus einleuchtend, daß oft Jahrhunderte nach dem Parinirvana Buddhas neue, bis dahin noch unbekannte Texte auftauchten.

In der Folgezeit breitete sich der Buddhismus langsam auch in die südlichen Länder Asiens, hier vor allem in Ceylon, aus. Unter der Herrschaft des indischen Kaisers Asoka bekam er erstmals auch Unterstützung einer großen, weltlichen Macht, was seinen Anhängern viele Wege ebnete. Asoka berief dann auch 253 v. Chr. ein drittes Konzil mit der Absicht ein, die vielen verschiedenen Bestrebungen innerhalb der buddhistischen Gemeinde wieder zusammenzuführen. Doch bei vielen Buddhisten hatte sich Unmut über die ihrem Empfinden nach immer einseitigeren Auslegungen der Texte ausgebreitet. Sie wollten deren Inhalte vertiefen und erweitern und damit auch Strömungen Einhalt gebieten, die dem Nirvana immer mehr den Charakter eines Paradieses gaben und die Erleuchtung Buddhas als mehr oder weniger einmaliges Ereignis darstellten. Diese Gegensätze führten der Überlieferung nach dazu, daß nur die südlichen Gemeinden den Beschlüssen des Konzils zustimmten, während die nördlichen Buddhisten das Konzil schweigend verließen, um bald darauf ein eigenes in Jalandhara (Kaschmir) abzuhalten.

Dies stellte den Anfang einer neuen Entwicklung dar. Während vor allem in den südlichen Ländern Asiens (Ceylon, Thailand u. a.) die ursprüngliche Form des frühen Buddhismus unter der Bezeichnung *Hinayana* oder *Theravada* Buddhismus weiter praktiziert wurde, entstanden andernorts die Ideen und Gedanken des *Mahayana*.

Die Entwicklung des Mahayana

Zu Beginn unserer Zeitrechnung gewann die neue Bewegung des *Mahayana* (»das große Fahrzeug«) zunehmend an Einfluß, und über die Bildung der Schulen des *Madhyamika* und *Yogacara* bekamen dessen Inhalte Form und Gestalt.

Während im Theravada-Buddhismus das Ziel in der Erlangung der Arhat-schaft lag, einem geistigen Zustand, der geprägt war von dem Bestreben, ein reines Leben zu führen und so Befreiung für sich selbst zu erlangen, war es das Ziel des Mahayana-Praktizierenden, ein *Bodhisattva* zu werden.

Ein Bodhisattva wird gleichermaßen von zwei Kräften getragen. Einerseits strebt er, wie der Arhat, die Erlangung eines absoluten Erleuchtungsbewußtseins an, er verzichtet aber vorläufig auf die endgültige Befreiung, um seine Weisheit allen anderen Lebewesen aus Mitempfinden zur Verfügung zu stellen, bis auch diese vollständig erleuchtet sind. Dieses Mitempfinden wird *maha*, groß, genannt, da es alle Wesen ohne Ausnahme und Unterschiede miteinbezieht, und für seine Entwicklung bedarf es besonderer Einsichten und Übungen. Das Mahayana weist mit Recht auf den Umstand hin, daß Buddha, ohne sein unendliches Mitempfinden, seine Einsichten nie anderen Wesen dargelegt hätte, und somit für niemanden Nutzen aus seiner Erkenntnis entstanden wäre.

Die Entwicklung des Bodhisattva-Bewußtseins ist eng verbunden mit der Ausübung der *Sechs Vollkommenheiten* oder *Paramitas* und vollzieht sich in 10 Stufen. Die ersten sechs Stufen entsprechen den Paramitas und verlangen eine jeweils entsprechende Umsetzung.

Die erste Stufe bildet die *Paramita der Freigebigkeit*. Diese beinhaltet das Geben von allem, was wir haben, und bezieht sich auf materielle Dinge, aber auch auf den Schutz, den wir anderen geben können, wie z. B. denen, die große Ängste haben. Als höchste Form des Gebens wird die reine und klare Vermittlung des Dharmas, der Lehren Buddhas, angesehen.

Die zweite Stufe ist gleichbedeutend mit der *Paramita des ethischen Verhaltens*. Durch eine Vielzahl von Gelübden verpflichtet sich der Bodhisattva-Anwärter zur Unterlassung negativer Handlungen. Er geht dabei Schritt um Schritt vor. So legt er z. B. erst ein Gelübde bezüglich des Nicht-Tötens von Lebewesen ab, und wenn er dieses im Laufe der Zeit vollständig verwirklicht hat, verpflichtet er sich zur Unterlassung einer weiteren negativen Handlung. So vermeidet er das Brechen seiner Gelübde und sammelt positives Karma an. Die so entstehende Abnahme seiner Verdunkelungen und Täuschungen ermöglicht ihm durch geschicktes Handeln, anderen zu nützen.

In seinem Bemühen, anderen Wesen zu helfen, soll sich der Bodhisattva der richtigen, aber auch der effektivsten Methode bedienen. Es ist vergleichbar mit einem Arzt, der, getragen von dem Wunsch, seinem Patienten zu helfen, auch von traditionellen Behandlungsmethoden abweichen und auf eine außergewöhnliche Therapie zurückgreifen wird, wenn dieses den Patienten von seiner Krankheit befreien kann.

Die dritte Stufe ist geprägt von der Ausübung der *Paramita der Geduld.* Es bedeutet, daß wir, auch wenn unsere Umwelt uns beschimpft, bedroht oder sogar verletzt, innerlich gelassen bleiben und nicht mehr den Wunsch nach Vergeltung haben. Der Bodhisattva der dritten Stufe weicht dem Leid nicht mehr aus, sondern hat im Gegenteil den Wunsch, das Leiden anderer auf sich zu nehmen. Durch sein Vertrauen in die *3 Juwelen* wird er alle dabei auftretenden Hindernisse überwinden können.

Die *Paramita der freudvollen Anstrengung* bildet die vierte Stufe. Sie beinhaltet die Überwindung jeglicher Trägheit, die uns daran hindern könnte, das gesteckte Ziel zu erreichen. In einem Lehrtext heißt es darüber:

»Selbst wenn du morgen früh sterben wirst, solltest du noch mehr lernen; selbst wenn du allen geholfen hast, solltest du ihnen noch einmal helfen.«

Die fünfte Stufe bezieht sich auf die *Paramita der meditativen Konzentration.* Durch sie soll inneres Gewahrsein von der Klarheit und den Eigenschaften des Geistes entstehen, wobei besondere Betonung auf die richtige Motivation gelegt wird. Durch die Befriedung des Geistes mittels entsprechender Übungen entstehen Ruhe und Klarheit, aus denen heraus der Wunsch, anderen zu helfen, entwickelt werden kann.

Auf der sechsten Stufe soll die *Paramita der unterscheidenden Weisheit* verwirklicht werden. Dazu gehört neben vielen Formen des weltlichen Wissens wie Astrologie, Dichtung u. a. auch die Ausübung von Kunsthandwerk, Medizin und das Wissen um die relative und absolute Wirklichkeit.

An diesem Punkt nun wäre der Bodhisattva in der Lage, sich

dem Kreislauf von Geburt und Tod zu entziehen und ins Nirvana einzugehen. Aus Mitempfinden mit allen Wesen verzichtet er aber darauf und kehrt immer wieder in die Welt zurück. Diese Bodhisattvas werden als »himmlisch« bezeichnet, und im Durchlaufen der letzten vier Stufen erwerben sie das, was in den Schriften »die Herrschaft der Welt« genannt wird. Sie werden so zu einem Wesen mit vielfältigen, übernatürlichen Kräften und Gegenstand von großer religiöser Verehrung.

Jeder Bodhisattva-Anwärter ist sich darüber im klaren, daß er die höchste Buddhaschaft nur durch äußerste Anstrengung über Äonen hindurch erreichen wird. Und doch trennt den Bodhisattva von diesem Ziel nur ein einziges Hindernis – der Glaube an ein persönliches Selbst. Durch seine Selbstaufopferung einerseits und durch die Einsicht in die objektive Nicht-Existenz allen Seins, der Realisation der Leerheit andererseits, versucht er, dieses Hindernis zu überwinden.

Der Begriff der Leerheit oder So-heit ist im Kern identisch mit Nirvana. Im Mahayana bildet die Auseinandersetzung damit jedoch ein wesentliches Fundament der Lehre.

Nagarjuna und die Schule des Madhyamika

»Form ist Leere und Leere ist tatsächlich Form. Leere unterscheidet sich nicht von Form, noch ist Form anders als Leere. Was Form ist – ist auch Leere, was Leere ist – ist auch Form. Dasselbe gilt für Gefühle, Wahrnehmung, karmische Gestaltung und Bewußtsein . . .«

Aus der Prajnaparamita Herz-Sutra

Nagarjuna (ca. 150 n. Chr.) war einer der bedeutendsten buddhistischen Denker in der Geschichte. Nach seinen eigenen Angaben fand er in einer Höhle den schriftlichen Nachlaß des Buddha, den dieser der Obhut der *Nagas* anvertraut hatte, darunter die Hauptwerke des Mahayana, die Prajnaparamita und die Sutra vom »Lotus des guten Gesetzes«. Die von ihm gegründete Schule des Madhyamika (mittlerer Weg) wandte sich mit ihren Thesen gegen jegliche Definition einer absoluten Wirklichkeit.

Sie vertrat die Meinung, daß es nicht genüge, nur die edlen vier Wahrheiten zu verstehen, sondern man darüber hinaus Ursachen und Wirkungen in der Welt durchdringen müsse, um dabei zu der Erkenntnis zu gelangen, daß das Wesen jeglicher Existenz die Leerheit, Shunyata, ist. In einer logisch-schlüssigen Beweisführung unterstrich sie, daß demnach alle Schlußfolgerungen falsch sein müssen, da nichts unabhängig voneinander existieren könne und somit keine Unterscheidung zwischen Samsara, der Welt der Täuschung, und Nirvana möglich sei.

Was auf den ersten Blick wie philosophische Spitzfindigkeit erscheinen mag, war in Wirklichkeit als Aufforderung gedacht, sich von allen hinderlichen Konzepten und Vorstellungen frei zu machen.

Asanga und die Schule des Yogacara oder Vijnanavada

Die Schule des Yogacara formierte sich in ihrer Hauptform im 4. Jahrhundert n. Chr. Ihre Vordenker Asanga und Vasubandhu gelten als ihre wichtigsten Vertreter.

Sie ging davon aus, daß das Absolute auch als »Geist« oder »Bewußtsein« umschrieben werden kann. Dieses Bewußtsein bringt alle Objekte in einer Art magischem Akt aus sich selbst hervor, ohne jedoch von ihnen in seiner Existenz abhängig zu sein. Gab es in den Anfängen der Yogacara-Schule auch viele Widersprüche zu den Lehren der »mittleren Schule«, so wurden diese durch Asanga weitgehend überwunden. Seine These, daß Erleuchtung, das Jetzt-Sein und die Leerheit in der letzten Konsequenz gleich sind, wurde später vor allem von der Schule des Zen weitergeführt und differenziert.

Eine weitere, wichtige Neuerung in dieser Epoche stellt die endgültige Formulierung der Lehre über die »Kostbaren drei Körper eines Buddhas« dar.

Das Buddha-Bewußtsein existiert ihr zufolge in seiner absoluten Wirklichkeit als *Dharmakaya* oder Wirklichkeitskörper.

In seinem »Körper der Entzückung« oder *Sambhogakaya* erscheint er den Bodhisattvas und anderen himmlischen Wesen und gibt ihnen Belehrungen. Schließlich existiert noch der »geschaffene Körper« oder *Nirmanakaya*, in dem die Buddhas zu bestimmten Zeiten auch auf der Erde erscheinen.

Hatte man im Hinayana noch angenommen, daß vor Shakyamuni weitere sechs Buddhas auf der Erde gelebt hatten, so erhöhte sich diese Zahl im Mahayana auf vierundzwanzig. Der Begriff des Buddhas wurde nicht mehr nur auf den Begründer der Lehre angewandt, sondern mehr im Sinne eines universellen Prinzips verstanden, aus dem heraus sich zu bestimmten Zeiten immer wieder Erwachte in ihren verschiedenen Körpern manifestierten. Zusammen mit den mystischen Bodhisattvas entstand so ein ausgedehntes Pantheon, deren einzelne Manifestationen wie die Bodhisattvas *Avalokiteshvara*, der Herr des großen Mitempfindens, oder *Manjushri, Maitreya* und andere, immer mehr auch Objekte der Hingabe und Verehrung wurden. Auf einer relativen Ebene wurden sie als fester Bestandteil der Wirklichkeit empfunden, aus absoluter Sicht

Die drei Bodhisattvas: Manjushri, Chenrezig und Vajrapani (von links nach rechts) verkörpern Eigenschaften und Ausstrahlungen der Buddha-Natur. So gilt Manjushri als Manifestation des absoluten Weisheitswissens aller Buddhas, Chenrezig als Ausstrahlung deren unendlichen Mitgefühls und Vajrapani als Verkörperung ihrer allesdurchdringenden Energie.

waren auch sie nicht-existent im Sinne der Leerheit. Die »Geschicklichkeit in der Anwendung der Mittel« erlaubte es jedoch, sich dieser Vorstellungen zu bedienen, da dieses den Wesen auf ihrem Weg zur Befreiung großen Nutzen brachte.

In dieser Form breitete sich der Mahayana-Buddhismus in den ersten 500 Jahren n. Chr. in fast allen asiatischen Länder aus. Durch seine Bereitschaft, auch neue Strömungen in die Lehre einfließen zu lassen, sofern dies hilfreich war, fand er vor allem dort großen Anklang, wo regionale Naturreligionen seit langem das Bewußtsein der Völker geprägt hatten.

Die Entwicklung des Vajrayana

Ungefähr im 4. Jahrhundert n. Chr. bahnte sich eine neue Entwicklung in der buddhistischen Geisteswelt an, die Entstehung des Tantras.

In der konsequenten Weiterführung der mahayanistischen Sichtweise, daß es im Bestreben jedes Bodhisattvas liegen müsse, die geeignetsten und effektivsten Mittel zur Befreiung der Wesen zu nutzen, war die Grundidee des Tantras, daß letztendlich alles solch ein geeignetes Mittel darstellen könne.

Die erste Phase dieser Entwicklung wird oft auch als *Mantrayana* bezeichnet. Sie brachte vor allem die Anwendung magischer Mittel, mit deren Hilfe die letztendliche Befreiung auch innerhalb eines Lebens möglich ist. So flossen eine Vielzahl von *Mantras, Mudras* und *Mandalas* in die buddhistische Gedankenwelt und Meditationspraxis ein. Wurde dies als hilfreich erachtet, war man auch bestrebt, allen lokalen Gottheiten, Dämonen und anderen Erscheinungsformen im tantrischen Weltbild eine ehrenvolle Rolle zuzuordnen, und dies bezog sich auch auf Rituale und Zauberpraktiken.

Der Glaube an das Irrationale, an Magie und Wunder war zu allen Zeiten ein fester Bestandteil des Buddhismus gewesen, wenngleich dies meist mehr eine Würdigung feststehender Tatsachen war und nicht zwangsweise zu einer entsprechenden Praxis geführt hatte. Durch die Öffnung für den im Herzen des

Volkes tiefverwurzelten Glauben an das Okkulte und Über-
sinnliche breitete sich der Buddhismus nun auch in Länder
aus, die bis dahin seinen Ideen verschlossen geblieben waren.

Magische Mittel wurden jedoch nur eingesetzt, um entsprechende Hilfestellung und Schutz zu gewähren oder den Geist
von ihm schädlichen Kräften und Haltungen zu befreien;
niemals aber zur profanen Machtgewinnung. Wenn sich auch
einige Tantrikas hin und wieder hinreißen ließen, ihre erworbe-
nen Fähigkeiten zur Schau zu stellen, um sich dadurch auch
weltliche Vorteile zu verschaffen, so wurde dies doch immer
von der großen Mehrheit der Praktizierenden abgelehnt.

Das Verwirklichungsideal des tantrischen Weges stellte nun
der *Siddha* dar, ein Bodhisattva der 8. Stufe, der in seiner
Realisation auch seine wundertätigen Kräfte entdeckt hatte
und zum Wohle anderer von ihnen Gebrauch machte. Die
Brisanz der damit verbundenen Praktiken machte ein enges
Lehrer-Schüler Verhältnis unumgänglich, und die geheimen
Tantra-Texte lösten die meist öffentlich vorgetragenen Sutren
der Frühbuddhisten vielerorts ab.

Der Wunsch, auch in den dargestellten Inhalten die ersehnte
Überwindung der Dualität einzubringen, führte zu einem
immer größer werdenden Zustrom an weiblichen Gottheiten
und *Dakinis*. Den bis dahin meist »alleinstehenden« Buddhas
und Bodhisattvas wurden weibliche, ihnen entsprechende Be-
gleiterinnen zugeordnet, und häufig wurden beide im mystischen Liebesakt dargestellt, die Überwindung jeglicher Polari-
tät und die Ekstase der Erleuchtung symbolisierend.

Die so entstandene neue und auch verwirrende Vielfalt des
buddhistischen Pantheons wurde durch die Bestrebungen des
aufkommenden Vajrayana ca. 700 n. Chr. wieder strukturiert.
Eine Schlüsselrolle kam dabei der Einführung der *Fünf
Dhyani-Buddhas* zu, die als oberste Prinzipien der fünf We-
sensgruppen gelten, in die sich alle kosmischen Kräfte und
Manifestationen einteilen lassen. Sie sind im Kern identisch mit
den fünf Daseinsfaktoren, die von Buddha selbst gelehrt
wurden. Neben einer Vielzahl von Zuordnungen metaphysi-
scher Symbole verkörpern diese Dhyani-Buddhas vor allem

geistige Haltungen und Bewußtseinszustände, die wir auch bei uns selbst wiederfinden.

So betrachtet gehört jedes Wesen, bedingt durch seine spezifischen Eigenheiten, einer dieser fünf Buddha-Familien an. Auf Grund von Verblendung und Unwissenheit erleben wir diese Zugehörigkeit meist jedoch nur durch das verstärkte Auftreten der fünf Geistesgifte oder Ur-Neurosen.

So verkörpert der Buddha *Vairocana* das Äther- oder Raum-Element. In seinem erleuchteten Weisheitsaspekt stellt dies die Verwirklichung der reinen, geistigen Sphäre dar, die Erkenntnis »Alles ist Geist«. Den unerleuchteten Gegenpol dazu bildet geistige Verwirrung, Stumpfheit und Trägheit.

Buddha *Amoghasiddhi* ist verbunden mit dem Luft-Element und der »Allesvollendeten Weisheit«. Es ist dies die Erkenntnis, daß alles Begonnene zu einem Ende gebracht werden muß, das dem Wohle aller Wesen dient, und wird auch als die »Weisheit der Karmavollendung« bezeichnet. Die ungereinigte Form dieses Aspekts ist die Neurose der Eifersucht.

Der Feuer-Elements-Buddha *Amithaba* verkörpert die »Weisheit der differenzierten Unterscheidung, der geistigen Klarsicht«. In unserem Alltag erleben wir diese Kraft meist in dem negativen Ausdruck von Begierde, Emotionalität und Unbeherrschtheit.

Akshobhya ist der Buddha des Wasser-Elements. Die Entwicklung dieser Buddha-Weisheit, auch »Die Spiegelgleiche« genannt, läßt uns alles Sein als unwirkliche Spiegelung erkennen und überwindet dadurch das Geistesgift des Hasses, da sich alle Objekte unseres Zorns als unwirklich erweisen.

Der Dhyani-Buddha *Ratnasambhava* wird mit dem Erd-Element in Verbindung gebracht. Die Entwicklung seines Weisheitsaspekts, der Erkenntnis, daß alle Wesen und Dinge letztendlich gleichen Ursprungs sind, überwindet das gegenpolige Geistesgift des Stolzes.

Ziel der tantrischen Praxis ist es, die in einem selbst stark vorhandenen Geistesgifte durch Verständnis und die entsprechende geistige Praxis in den jeweiligen Weisheitsaspekt umzuwandeln.

Eine Darstellung der Fünf-Elementen-Buddha in Vereinigung mit ihrem weiblichen Aspekt. In der Mitte befindet sich *Vairocana* zusammen mit seiner Gefährtin *Vajravisvari*. Er hält das 8-speichige Juwelenrad, entsprechend der 8 grundlegenden Wahrheiten Buddhas. Im Norden (rechts oben) befindet sich Amaghasiddhi in Vereinigung mit *Samaya Tara*. Er hält das Doppelvajra, Symbol allumfassender Aktivität. Buddha *Amitaba* und seine Gefährtin *Pandara* regieren im Westen (links oben). Sein Symbol ist der Lotus, der ursprüngliche, geistige Reinheit und Unversehrtheit verkörpert. Im Osten (rechts unten) residiert Buddha *Akshobhya* zusammen mit *Locana*. Das Halten des Vajras symbolisiert diamantenklare Unzerstörbarkeit. Der Süden (unten links) gilt als Bereich von Buddha *Ratnasambhava* und seiner Gefährtin *Mamaki*. Er hält die flammenden Wunschjuwelen, deren Zauberkraft alle geistigen Wünsche erfüllen.

Diesen fünf Buddha-»Familien« sind nun wiederum entsprechende Bodhisattvas, Dakinis und andere Elementarwesen zugeordnet, so daß das ganze buddhistische Pantheon in sich verwandt ist und Stufe um Stufe in den letztendlichen Aspekt des Ur-Buddhas aufgelöst werden kann.

Eine wichtige Funktion haben auch die *Dharmapalas*, tantrische Schutzgottheiten in zumeist furchterregenden Erscheinungsformen, mit der Aufgabe, die Unverfälschtheit der Lehre zu erhalten und den Praktizierenden vor Behinderungen und Gefahren zu beschützen.

In der Vajrayana-Meditationspraxis werden nun verschiedene Hilfsmittel benutzt, um mit einer dieser erleuchteten Bewußtseinsformen, die dem eigenen Wesen verwandt sind, im Laufe der Übungen identisch zu werden.

Eine der gebräuchlichsten Hilfen stellt das *Mantra* dar. Mantren bestehen aus einer Anreihung von Silben, deren Bedeutung mehr in ihrer Klangschwingung als in einer sinnhaften Formulierung liegen. Durch die fließende Rezitation dieser Silben, die möglichst oft wiederholt werden sollte, werden meist schon nach kurzer Zeit störende Gedanken und Gefühle transformiert. Die meisten dieser Klangwörter werden nur mündlich von einem ausgebildeten Lehrer an seine Schüler weitergegeben. Andere wiederum findet man als Schriftzeichen in Steinen, *Stupas* und anderen öffentlichen Plätzen, wie z. B. das *Om mani peme hung*, das dem Bodhisattva Avalokiteshvara, dem »Herrn des großen Mitempfindens«, zugehört.

Daneben benutzt der Meditierende auch visuelle Bilder und Vorstellungen von den verschiedenen Erleuchtungsaspekten, so daß sein Bewußtsein im Laufe seiner Übung völlig von der Kraft des jeweiligen Buddhas oder Bodhisattvas durchdrungen wird, bis es zu einer geistigen Verschmelzung und Einheit kommt.

Die Visualisation bestimmter *Mandalas*, die Ausübung entsprechender *Mudras* und die Benutzung verschiedener Ritualobjekte wie Vajra und Glocke stellen zusätzliche Hilfsmittel für eine erweiterte Praxis dar.

Das letztendliche Ziel bleibt jedoch immer die Auflösung

aller Vorstellungen und Konzepte, die Realisation von Shunyata, der Leerheit.

Die Ausbildung eines Vajrayana-Praktizierenden dauert lange Zeit, und bevor er von seinem Lehrer in die verschiedenen Geistesaspekte eingeweiht wird, muß er eine Vielzahl von vorbereitenden Übungen durchlaufen, die sein Bewußtsein reinigen und ihn Geduld und Disziplin lehren. Das Vajrayana oder Diamantfahrzeug beinhaltet viele Praktiken, mit deren Hilfe innerhalb eines Lebens Erleuchtung erlangt werden kann. Dieser kurze Weg kann jedoch durch die falsche Motivation und das Fehlen notwendiger Voraussetzungen ebenso schnell zu einer Wiedergeburt in den Vajrahöllen führen, die als die fürchterlichsten aller Höllenwelten in den Überlieferungen beschrieben werden.

Im Unterschied zu den frühbuddhistischen Praktiken hatte das Vajrayana den Vorteil, daß es zwar dieselbe Ausrichtung besaß, aber menschliche Fehler, Schwächen und Verhaftungen nicht mehr als ausschließlich negativ begriff, sondern sie durch entsprechende Praktiken in einen Erleuchtungsweg transformierte. Tantra wird oft treffend definiert als »die Kunst zu leben, die es uns ermöglicht, jede Tätigkeit von Körper, Rede und Geist als eine Hilfe auf dem Weg zur Befreiung zu benutzen«.

Zen

Zen und Tantra entstanden ungefähr zur gleichen Zeit. Beide haben ihre Wurzeln im Mahayana, sind aber verschiedene praktische Wege gegangen. Die Einführung des Zen (chin. Chan) in China wird auf den Mönch Bodhidharma zurückgeführt, der zu Beginn des 6. Jahrhunderts in die Hauptstadt Luoyang kam und dort neun Jahre damit verbracht haben soll, »eine Wand anzustarren«. Seine eigentliche Form bekam das Zen durch den chinesischen Meister Huineng (638–713). Zen lehnt jede Intellektualisierung und Systematisierung entschieden ab, und die Unterrichtsmethoden ihrer großen Meister waren bekannt als »seltsame Worte und noch seltsamere Handlungen«. Berühmt sind die *Koans*, Fragen, die Meister an ihre

Schüler stellten und die nicht durch intellektuelle Schlußfolgerungen zu beantworten waren.

Zen hat, ebenso wie Tantra, den Anspruch, Methoden zu vermitteln, die die Erlangung der Buddhaschaft in einem Leben möglich machen. Während sich das Tantra dabei meist komplizierter und ausführlicher Rituale und Praktiken bedient, geht Zen davon aus, daß »spirituelles Verstehen und Wirken auch im Wassertragen und Holzhacken liege«. Den Geist daran zu hindern, unruhig hin und her zu jagen, im »Nicht-Denken« zu ruhen, ist das Ziel jeder Zen-Übung. Dies gilt es ohne jede Anstrengung, in Bescheidenheit und vollkommen absichtslos zu erreichen.

Die Schule des Zen war in dieser Zeit vor allem in China und Japan beheimatet.

Der tibetische Buddhismus

Die Entwicklung des Buddhismus in Tibet macht deutlich, weshalb das Vajrayana eine notwendige Weiterführung des Mahayana war und sich bis zum heutigen Tag erhalten konnte. Zum anderen ist eines der wenigen gelungenen Beispiele in der Geschichte, wo Staat und Religion zu einer Einheit verschmolzen, durch die der Alltag eines ganzen Volkes eine spirituelle Ausrichtung bekam.

Die erste Verbreitung der Lehre

Der 32. König von Tibet, Srong-tsen-Ganpo (650 n. Chr.) war von der buddhistischen Lehre sehr angetan und schickte zum erstenmal in der Geschichte des Landes nach indischen und nepalesischen Gelehrten. Diese Lehrer übersetzten Teile der ursprünglichen Sutren sowie auch einige Tantra-Texte. Vor allem die Lehre von Avalokiteshvara (auch Mahakarunika, »der große Mitleidsvolle«, oder tib. *Chenrezig*) fand schon damals in kleinerem Kreis Verbreitung und Anwendung.

Der klassische, ausschließlich auf den Schriften der Sutren

beruhende Buddhismus hatte in Tibet aber kaum eine Chance, Fuß zu fassen, da die mächtigen Magier und Schamanen der ursprünglichen *Bön-Religion* seinen Einfluß mit aller Kraft zu verhindern suchten. So schickte der 37. König Tibets, Tritsong-de-tsen, neben anderen Lehrern, wie Santaraksita, Vimalamitra und Santigarbha, auch nach dem wegen seiner tantrischen Realisation weithin bekannten *Padmasambhava*, (tib. *Guru Rinpoche* = »kostbarer Lehrer«) genannt.

Padmasambhava, der in Tibet als eine Verkörperung Buddhas verehrt wird, brach im Dezember 746 von Bodhgaya auf, und kam im darauffolgenden Frühjahr in Tibet an.

Um sein Leben und Wirken ranken sich viele Mythen und Legenden, von denen die meisten in einer ausführlichen Biographie aufgezeichnet sind (s. Anhang). So soll Padmasambhava bereits 12 Jahre nach Buddhas Parinirvana, der sein Kommen auch prophezeite, geboren worden sein. Er selbst gab seine Lebenszeit mit mehreren tausend Jahren an, und viele Tibeter sind davon überzeugt, daß er auch heute noch lebt. Die Berichte über seine Wundertaten füllen Bände. Er verstand alle Sprachen der Menschen und Tiere und konnte ihre tiefsten Gedanken lesen. Er bezwang unzählige Dämonen, um sie in den Dienst des Dharmas zu stellen, ließ Tote auferstehen und durch die Berührung mit seinem magischen Stab aus Felsen Quellen entspringen, die auch heute noch fließen. Vor allem aber brach er durch seine übernatürlichen *Siddhis* die Macht der Magier der alten Bön-Religion und war maßgeblich am Bau des ersten tibetischen Klosters in Samye beteiligt.

Daneben hat er aber auch viele bedeutende Texte verfaßt, wie den »Yoga, der den Geist in seiner Nacktheit erkennt« und ein Werk über die sechs verschiedenen *Bardos*, die verschiedene Seins-Zustände beschreiben. Der Ausschnitt des Bardo Thodöl (Befreiung im Augenblick des Todes) ist mittlerweile auch im Westen als das »Tibetische Totenbuch« bekannt.

Als Padmasambhava viele Jahre später Tibet verließ, hatte sich die älteste der vier tibetischen Schulen, die *Nyingma-Pas*, gegründet.

Doch auch das klösterliche Leben weitete sich immer mehr

Padma Sambhava, im Tibetischen *Guru Rinpoche* genannt, der wesentlichen Anteil an der Einführung des Buddhismus in Tibet hatte.

aus, und bald wurde eine eigene Schrift erfunden und zahlreiche Werke des buddhistischen Kanons übersetzt. Tibet öffnete sich nach allen Seiten, und zahlreiche neue Lehrer kamen ins Land, darunter auch viele Mönche des Zen. Auf dem berühmten Konzil von Samye 793/794 kam es schließlich zu einem monatelangen Disput zwischen den Vertretern des tantrischen Weges und des Zen, bei dem die Vajrayana-Anhänger die Oberhand behielten. Doch finden sich in wichtigen tibetischen Werken Ideen wieder, die denen des Zen sehr ähnlich sind.

Diese erste Blütezeit des Buddhismus in Tibet fand durch die Herrschaft des Königs Lang-dar-ma ein abruptes Ende. Eine grausame Buddhistenverfolgung begann, und der alte Konflikt zwischen den Bön-Schamanen und Buddhisten flammte wieder auf.

Viele Klöster wurden zerstört und wertvolle Werke vernichtet, und die meisten Mönche flüchteten in die äußersten Teile des Landes, wo sie vor Zugriffen besser geschützt waren. Erst ca. 100 Jahre später konnte sich langsam die Lehre Buddhas wieder in Tibet entfalten.

Die zweite Verbreitung der Lehre

Ca. 1000 n. Chr. kam es zu einer Wiederbelebung des Buddhismus im ganzen Land. Großen Anteil daran hatte neben anderen auch Rin-chen bzang-po (958–1055), der nicht nur als Erbauer vieler Tempel und Klöster in Westtibet gilt, sondern vor allem als großartiger Übersetzer hervortrat. Seinem Beispiel folgten viele Tibeter, die oft unter größten Strapazen nach Indien reisten, um Jahre später mit neuen Texten zurückzukehren. In westlichen Darstellungen wird oft der Eindruck erweckt, in Tibet wäre eine neue Form des Buddhismus entstanden, losgelöst von dessen ursprünglichen Wurzeln. Die Bemühungen der Tibeter um klare und eindeutige Übertragungen von Buddhas Lehre, die oft mehrmals revidiert wurden, widerlegen dies eindeutig. So entstand die umfassendste Sammlung buddhistischer Sutren, Tantras und Kommentaren, die uns heute zur Verfügung steht.

Im Jahre 1042 kam der indische Pandit *Atisha* in ein Tibet, das zunehmend der spirituellen Anarchie verfallen war. Unterstützt vor allem durch seinen Schüler Bron-Ston versuchte Atisha diesen Strömungen Einhalt zu gebieten, indem er vor allem dem klösterlichen Leben wieder Struktur und Ordnung gab. So schuf er auch bestimmte Initiationszyklen, zu denen nur Schüler Zugang hatten, die in langer Vorbereitungszeit die heiligen Texte studierten, die klösterlichen »Vinaya«-Regeln einhielten und in ihrer meditativen Praxis Fortschritte vorweisen konnten. Neben der Herausgabe seiner vielzitierten Schrift, »die Lampe, die den Weg zur Erleuchtung darstellt«, führte er ein neues Zeitrechnungssystem ein, das sich aus den fünf Elementen Erde, Eisen, Wasser, Holz und Feuer, sowie den 12 Zeichen des chinesischen Tierkreises zusammensetzte.

Atishas Schüler Brom-ston gründete dann um das Jahr 1050 die Schule der *Kadam-Pas*, die sich ganz auf die Lehren Atishas berief und streng auf Moral und Disziplin achtete.

Das Jahr 1076, in dem ein großes Konzil in Westtibet stattfand, an dem Lamas aus allen Teilen des Landes teilnahmen, wird allgemein als der Zeitpunkt der endgültigen Etablierung des Buddhismus in Tibet angesehen.

In dieser Zeit wurde auch von dem Übersetzer *Marpa* (1012–1097) die Schule der *Kagyü-Pas* gegründet. Marpa besuchte dreimal in seinem Leben Indien, wo er unter der Anleitung des Siddhas *Naropa* bedeutende tantrische Werke studierte und auch übersetzte. In Marpas wichtigstem Schüler *Milarepa* finden wir zugleich auch den »Volksheiligen« Tibets.

Milarepa (1052–1135) wuchs als Sohn eines begüterten Händlers und dessen Frau auf. Nach dem frühen Tode seines Vaters wurden nahe Verwandte als Verwalter des Erbes eingesetzt, das ihm mit seiner Volljährigkeit übergeben werden sollte. Als nun der vereinbarte Zeitpunkt kam, weigerten sich aber die Verwalter, das Erbe abzutreten und vertrieben Milarepa, seine Mutter und seine Schwester von deren eigenem Land.

Seine Mutter konnte dieses Unrecht nie verwinden und setzte Milarepa solange zu, bis dieser sich entschloß, das

Handwerk der schwarzen Magie zu erlernen, um sich an den Verwandten zu rächen. Nach der entsprechenden Ausbildung bei einem Bön-Schamanen ließ er dann das Haus seines Onkels durch Zauberei einstürzen, wobei 32 Menschen ums Leben kamen, und vernichtete die gesamte Ernte des Landstrichs durch einen Hagelschauer.

Bei seiner Rückkehr fand er seinen Schamanenlehrer im Sterben vor, und dieser empfand große Reue über seine Taten. Er bat Milarepa inständig, von nun an seine Zuflucht im Dharma zu suchen, um sich und auch ihn von ihren schlechten Handlungen zu befreien.

Nach langer Suche traf Milarepa dann seinen zukünftigen Guru Marpa, der ihn zwar aufnahm, aber all seine Bitten um Unterweisung in die Lehre, die in einem Leben zur Befreiung führt, barsch zurückwies. Schließlich sagte Marpa ihm die Erfüllung seines Wunsches zu, doch nur unter der Voraussetzung, daß Milarepa ihm ein mehrstöckiges Haus mit seinen eigenen Händen baue.

Als Milarepa den Bau schon über die Hälfte fertiggestellt hatte, entschied sein Guru, daß das Haus an einer anderen Stelle doch besser stehen würde. Milarepa mußte alles bis auf den letzten Stein niederreißen, um andernorts mit der erneuten Errichtung zu beginnen. Doch auch hier kam Marpa der Fertigstellung mit einem erneuten Einwand zuvor, und dieser Vorgang wiederholte sich insgesamt siebenmal.

Milarepas Rücken war zwischenzeitlich eine einzige Wunde geworden, und er konnte sich kaum noch bewegen. Doch Marpa wies jeden seiner Wünsche nach Belehrungen mit der Begründung zurück, daß das versprochene Haus immer noch nicht fertiggestellt sei.

Marpas Frau jedoch hatte Mitleid mit seinem Schüler, tröstete diesen immer wieder und versuchte auf vielerlei Art, ihren Mann milder zu stimmen.

Als jedoch alles Bitten nichts half, schickte sie Milarepa mit Geschenken und einem gefälschten Empfehlungsbrief zu einem anderen Lehrer, der auch ein Schüler von Marpa war. Dieser war hocherfreut über Milarepas Erscheinen, und da er in dem Schreiben die (gefälschte) Anweisung Marpas fand, Milarepa in die geheimen Belehrungen einzuweihen, tat er dies sogleich.

Milarepa war überglücklich und zog sich sofort zur Ausübung der Anweisung zurück. Doch als er trotz aller Anstrengungen in seiner Praxis keine Fortschritte machte, wurde ihm klar, daß er ohne seinen wahren Meister Marpa nie zur Erleuchtung gelangen würde und kehrte reumütig zu ihm zurück.

Doch auch jetzt verweigerte dieser ihm jegliche Einweihung, bis Milarepa schließlich so verzweifelt war, daß er sich das Leben nehmen wollte.

Als Marpa die tiefe Verzweiflung und Reue seines insgeheimen Lieblingsschüler sah, ließ er ihn zu sich kommen und erklärte ihm sein Verhalten. Er habe versucht, sein durch seine schwarzmagischen Taten entstandenes Karma abzubauen, indem er ihn so zur Verzweiflung trieb, bis Milarepa schließlich tiefe Reue über seine Handlungen empfand. Nun aber könne er ihm die gewünschten Belehrungen endlich geben.

Und er unterwies ihn in allen Teilen der Lehre, worauf sich Milarepa zur Praxis in eine Höhle zurückzog. Hier lebte er jahrelang nur von Kräutern, und ertrug gelassen alles Unangenehme, bis er schließlich Verwirklichung erreichte.

Zahllos sind die Episoden über Milarepas verrückte Weisheiten, aber noch zahlreicher sind seine vom Volk geliebten Gedichte und Gesänge. Als er starb, so die Überlieferung, war der Himmel erfüllt von Regenbogen und wundersamen Zeichen, die seine Verwirklichung bezeugten.

Im Jahre 1034 n. Chr. wurde Kon-chog-gyal-po geboren. Nachdem er mit den Belehrungen des großen Lehrers Dharmapala in Kontakt kam, widmete er sich jahrelang der meditativen Praxis und wurde nach seiner Verwirklichung unter dem Namen *Mahasiddha Vairupa* bekannt. Die von ihm begründete und von seinen Schülern weiterentwickelte Schule wird *Sakya-Pa* genannt.

Mit dem Auftreten des großen Gelehrten *Tsongkapa* (1327–1419) wurde schließlich die letzte der vier großen Schulen Tibets gegründet. Tsongkapa gilt als Reformator und wurde in der Tradition der Kadampa-Schule erzogen. Er reduzierte die Bedeutung der Magie, bestand auf die Einhaltung der Vinaya-Regeln und säuberte die Klöster von allem wilden Treiben, das sich dort im Laufe der Jahrhunderte eingeschlichen hatte. Nach seinem Tod wurde er zum Symbol großer Verehrung, und die Schule der *Gelug-Pas* leitet sich von ihm ab.

Neben den vier großen Schulen gibt es noch eine Vielzahl kleinerer, die sich meist von ihnen ableiten. Wenn auch alle diese Schulen oft verschiedene Fahrzeuge benutzen, so sind sie doch nur aus dem Wunsch entstanden, die Erreichung der Buddhaschaft möglich zu machen. Wenngleich die Vertreter der einzelnen Schulen in manchen Auslegungen der Texte unterschiedlicher Meinung sind, haben sie immer große Achtung und Respekt vor den Inhalten und Verwirklichten der anderen bewiesen. Die Tibeter selbst betrachten die Schulen nicht als Ausdruck starrer, kontroverser Dogmen, sondern als notwendige Vielfalt von Möglichkeiten, die aus Einsicht und Erfahrung entstanden sind.

Nachdem in den angrenzenden Ländern Tibets, bedingt vor allem durch die kriegerischen Eroberungszüge des Islam, das Licht der Lehre Buddhas immer mehr erlosch, schirmte sich das Land auf dem Dach der Welt weitgehend von der Außenwelt ab. In dieser Abgeschiedenheit entwickelte sich Mahayana und Vajrayana zu einer Reinform, die sonst kaum möglich gewesen wäre. Eine reiche, religiös-orientierte Kunstform entstand, und die Zeugnisse der Geschicklichkeit begabter Mönche erstaunen uns heute noch.

Nur in dieser ideellen Reinkultur war es auch möglich, daß das Ideal des Bodhisattvas, der zum Wohle der Wesen auf die Verschmelzung mit dem Nirvana verzichtet, bald sehr konkrete Formen annahm.

In den *Tulkus* finden wir Wiedergeburten hoher Lamas, welche als Verkörperung und Ausstrahlung mystischer Bodhisattvas angesehen werden. Wenn ein verwirklichter Meister stirbt, so hinterläßt er meist in Brieform Hinweise auf Geburtsort und Umstände seiner nächsten Inkarnation. Einige Zeit nach seinem Tod machen sich nahestehende und besonders ausgewählte Schüler auf den Weg, um ihren neuen, alten Meister zu suchen. Finden sie ein Kind unter den bezeichneten Umständen (das meist auch gleich behauptet, der Gesuchte zu sein), wird es ausführlichen und strengen Prüfungen unterzogen. So muß es z. B. aus einer Vielzahl von Ritualobjekten, wie Vajra, Glocke und Mala, diejenigen auf Anhieb erkennen, die es selbst in seiner letzten Inkarnation benutzt hat. Nur wenn all' diese Prüfungen die Legitimation des Kindes eindeutig ergeben haben, wird es in sein »altes« Kloster zurückgebracht, um dort nach jahrelanger Ausbildung seinen ursprünglichen Platz wieder einzunehmen.

Die bekanntesten Vertreter dieser Wiedergeburtslinien sind der jetzige 14. Dalai Lama (was besagt, daß diese Linie seit 14 Generationen ununterbrochen existiert) und der vor einigen Jahren verstorbene 16. Karmapa, dessen Wiedergeburt von vielen Buddhisten sehnlichst erwartet wird.

Der Dalai Lama ist zugleich auch das spirituelle und weltliche Oberhaupt aller tibetischen Buddhisten, und unter seiner Führung war es möglich, in Tibet ein Staatssystem zu schaffen, das die umfassende Praxis des Buddhismus auf vielen Ebenen ermöglichte.

Die Besetzung Tibets 1959 durch China und die anschließende Verfolgung und Zerstörung buddhistischen Gedankenguts beendete eine Entwicklung, die ihresgleichen in der Geschichte der Menschheit sucht.

Der Dalai Lama und mit ihm viele geistige Führer aller Schulen sowie große Teile des tibetischen Volkes mußten aus ihrem Heimatland flüchten, um in anderen Ländern Schutz und Asyl zu suchen.

»Wenn der Eisenvogel fliegt, wird das Dharma in den Westen kommen...«
Aus einer alten tibetischen Prophezeiung

Heute, rund 2500 Jahre nach Buddhas Erleuchtung, ist das Dharma in den Westen gekommen, und der Buddhismus scheint sich in einer erneuten Phase der Wandlung zu befinden. Die Zerstörung der tibetischen Hochkultur, der jahrzehntelange Krieg in Südostasien und der Einfluß westlichen Denkens in fast alle Bereiche des Alltags in den asiatischen Ländern mußten lange Zeit das Verlöschen der Lehre befürchten lassen. Doch wie fast immer im Laufe der Entwicklung beweisen die Lehren Buddhas ihre Universalität auch in unserem Jahrhundert. Trotz aller Schwierigkeiten in einer Welt, in der Glück hauptsächlich von materiellem Reichtum abzuhängen scheint, entstehen vielerorts neue Zentren aller buddhistischen Wege. Während in Tibet die ersten Klöster wieder auf den Ruinen der vorherigen aufgebaut werden, entstehen in Amerika und Europa Stätten der Meditation und Belehrungen, und die ersten Tulkus werden in westlichen Ländern wiedergeboren. Der Buddhismus hat eine Verbindung zum Zeitgeist des 20. Jahrhunderts gefunden, und für eine Welt, die immer näher zusammenrückt, wäre es ratsam, sich zumindest auf einige Vorgaben Buddhas für ein sinnvolles und harmonisches Miteinander zu besinnen.

Die Entwicklung von innerer Klarheit, von Mitempfinden und Verständnis sind nicht Ausdruck einer veralteten Weltanschauung, sondern notwendige Lernprozesse auf dem Weg ins nächste Jahrtausend.

Der Buddhismus bietet uns heute die Möglichkeit, auf Erfahrungen zurückzugreifen, die sich in mehr als 2 Jahrtausenden bewährt haben und zeigt für viele Menschen einen Weg auf, der die Grenzen einer selbsterschaffenen und in ihrer Konsequenz leidvollen Wirklichkeit auflösen kann. Dieser Weg braucht keine neuen dogmatischen Organisationsformen und ist auch nicht an bestimmte Orte gebunden. Er wird vielmehr überall dort lebendig bleiben, wo Menschen bereit sind, ihre begrenzenden Ich-Vorstellungen zugunsten der Erfahrung ihrer klaren und lichtvollen Buddha-Natur aufzugeben.

Nachwort des Verfassers

Die Leser und Leserinnen dieses Versuchs einer kurzen Einführung in buddhistische Theorie und Praxis sollten die subjektiven Darstellungen des Verfassers nicht mit objektiver Wirklichkeit verwechseln. Den subtilen Inhalten des Buddhismus auf einigen Buchseiten gerecht zu werden, ist schlicht unmöglich und übersteigt bei weitem die Fähigkeiten des Verfassers.

Ihm bleibt nur die Hoffnung, daß sich die Leser auch anderweitig und umfassender informieren werden, um so eventuelle Mißverständnisse und falsche Schlußfolgerungen weitgehend zu vermeiden.

Sollten dennoch positive Wirkungen aus dieser kleinen Arbeit entstehen, so ist dies ausschließlich auf die Bemühungen vieler buddhistischer Lehrer und Freunde zurückzuführen. Ihnen und allen anderen Wesen seien eventuelle Verdienste gewidmet.

Harald Lebherz, geb. 1954, arbeitet als Therapeut, Schriftsteller und Musiker. Er ist Mitherausgeber der Zeitschrift »Shambhala« sowie Leiter einer Schule für astrologische Rhythmenlehre und Mandala-Elementen-Therapie.

Literaturhinweise:

Dalai Lama: »*Das Auge der Weisheit*«, Otto-Wilhelm-Barth-Verlag
Khentin Tai Situ Pa: »*. . . den Weg gehen*«, Kagyü-Dharma-Verlag München
Milindapanha »*Die Fragen des Königs Milinda*«, Ansata Verlag
»*Die Lehrreden des Buddha*«, Aurum Verlag
Edward Conze: »*Eine kurze Geschichte des Buddhismus*«, Insel Verlag
Geshe Lhündap Söpa/Jeffrey Hopkins: »*Der tibetische Buddhismus*«, Diederichs Verlag
W. Y. Evans-Wentz: »*Milarepa - Tibets großer Yogi*«, O. W. Barth Verlag
W. Y. Evans-Wentz: »*Der geheime Pfad der großen Befreiung*«, O. W. Barth Verlag
»*Shambhala*«, Ost-West-Magazin, Nr. 1–4, Postfach 2560, 8520 Erlangen

7. KAPITEL

Ein Interview
mit Seiner Heiligkeit
dem Dalai Lama

Die folgenden Interviews mit S. H. dem Dalai Lama* hat der Autor am 28. 8. 85 in Ladakh, am 10. 5. 86 für das Zweite Deutsche Fernsehen (gesendet 16. 8. 86) und am selben Tag ein zweites für den Bayerischen Rundfunk (gesendet am 12. 5. 86) in Eibsee unter der Zugspitze und das letzte am 17. 2. 87 in New Delhi, Indien, geführt.

Was ist die besondere Geisteshaltung der Menschen in Ladakh?

Dalai Lama: Ladakh hat eine tibetische Kultur, die grundsätzlich unter dem Einfluß des Boddhidharma steht. Aus diesem Grund sind die Menschen zufrieden, harmonisch und friedfertig. Das zeigt sich auch in ihrem Verhältnis zu Andersgläubigen. Die Buddhisten hier leben friedlich Seite an Seite mit den Muslims; das ist sehr gut.

Im Westen haben wir den Kontakt zur Natur weitgehend verloren. Unsere große Hoffnung ist, daß wir vielleicht in Ladakh noch den Geist finden können, der für den nächsten evolutionären Schritt notwendig ist.

Dalai Lama: Ladakh ist ein extrem unerschlossener Platz. Die Menschen hier haben keinerlei Technologie entwickelt, und ich glaube, sie brauchen etwas Technologie und Wissenschaft. Auf der anderen Seite ist auch der Westen sehr extrem, es ist fast alles künstlich. Wie ich immer sage: wir sind schließlich alle Bewohner dieses einen Planeten. Es ist deswegen sehr wichtig, gute Beziehungen zur Natur zu haben und zu der von Menschen gemachten Entwicklung. Wenn wir die Natur mißachten, wird sie sich letztlich doch als mächtiger erweisen als die menschlichen Versuche, sie zu beherrschen. Die materiellen und die spirituellen Fähigkeiten des Menschen müssen gleichzeitig entwickelt werden, wenn wir voranschreiten wollen. Das ist, wie ich glaube, der richtige Weg zu einer glücklicheren menschlichen Gesellschaft.

In der westlichen Welt haben sehr viele Menschen Angst, daß der Planet zerstört werden könnte. Eine spirituelle Kraft ist notwendig, die wieder den Kontakt herstellt zwischen Mensch und Natur und Mensch und Universum. Können Sie etwas sagen, was uns Hoffnung gibt?

Dalai Lama: Wir alle sind Menschen. Auch wenn die Technologie die Welt sehr stark verändert hat, bleiben wir doch Menschen. Als Menschen haben wir einen Körper und einen Geist. Für die Annehmlichkeiten des Körpers ist die technologische Entwicklung sehr nützlich. Aber die materielle Entwicklung allein genügt nicht, um Menschen zufrieden und glücklich zu machen, weil es noch einen anderen Faktor gibt, und das ist der menschliche Geist oder die Herzenswärme. Ich glaube, daß die menschliche Wärme sehr wichtig ist. Wenn wir warmherzige Gefühle entwickeln und sie anderen Menschen gegenüber ausdrücken, machen wir sie glücklich. Wenn uns jemand viel Geld gibt ohne menschliche Wärme, dann macht uns das nicht froh. Ich sage immer wieder, daß wir alle Brüder und Schwestern sind, durch Liebe und Mitgefühl miteinander verbunden. Das ist die universelle Religion. Ob jemand an Religion glaubt oder nicht, selbst wenn er gegen Religion eingestellt ist, bleibt er doch ein Mensch und braucht menschliche Wärme.

Politisch sind Sie ein Flüchtling in unserer Welt. Das tibetische Volk wird unterdrückt. Können Sie sich einen Befreiungskampf Ihres Volkes vorstellen? Wenn Sie die globale Weltlage betrach-

Der 14. Dalai Lama mit dem Autor Clemens Kuby,
nach dem ersten Interview in Ladakh 1985.

ten, könnten Sie dafür vielleicht sogar die Unterstützung erhalten, wie sie Afganistan in seinem Befreiungskampf gegen die sowjetische Besetzung bekommt. Warum tun Sie das nicht?

Dalai Lama: Zum einen vertrete ich als Buddhist die Gewaltlosigkeit. Zum anderen gibt es den Punkt, daß Mahatma Ghandi auch in der gegenwärtigen Zeit eine Politik vertreten hat, die auf Gewaltlosigkeit beruhte und damit Erfolg hatte. Ein dritter Grund ist der, daß für uns der Versuch einer gewaltsamen Befreiung praktisch mit einem Selbstmordversuch zu vergleichen wäre.

Auch glaube ich, daß Lösungen, die wir durch gewaltsame Mittel erreicht haben, keine bleibenden Lösungen sind, daß diese immer ein anderes Problem mit sich bringen, selbst wenn das ursprüngliche Problem gelöst werden konnte. Im Gegensatz dazu sind Lösungen, die wir durch ein wirkliches Verständnis erzielt haben, vielleicht nur kleine oder Teillösungen, aber sie sind wesentlich haltbarer als Lösungen, die wir durch Gewalt erreichen.

Kann Ihre Religion und Kultur auch ohne eine Heimat überleben und wachsen? Oder sehen Sie hier eine Gefahr?

Dalai Lama: Die Kraft, die das tibetische Volk heutzutage in die Erhaltung seiner eigenen Kultur und seines Wissens legt, ist stärker als je zuvor. Dadurch, daß eine so intensive und gezielte Unterdrückung gerade der eigenen Identität des tibetischen Volkes stattgefunden hat, ist eine Gegenreaktion im Volk entstanden, die dazu geführt hat, daß der Versuch und die Anstrengung, die eigene Identität zu wahren, die eigene Kultur weiterzuführen, stärker sind als je zuvor.

Es ist eine glückliche Entwicklung, daß die chinesische Regierung ihre Einstellung gegenüber der tibetischen Kultur etwas gebessert hat und ihr heute zumindest ein wenig Respekt entgegenbringt.

Etwas jedoch ist sehr gefährlich: die gezielte Ansiedlung von chinesischen Siedlern auf tibetischem Gebiet. Wenn das in dem Maß weitergeht wie bisher, besteht eine ernsthafte Gefahr, daß die Tibeter in ihrem eigenen Land zum Verschwinden gebracht werden. Um nur ein Beispiel zu geben: über die Region, in der ich geboren bin, habe ich einen Bericht der chinesischen Regierung von 1982 gesehen, in dem es hieß, daß in dieser Region etwa 700 000 Tibeter leben, während inzwischen der chinesische Anteil an Siedlern auf 2,5 Millionen angestiegen ist. Darin sehe ich eine ernsthafte Bedrohung der tibetischen Identität.

Welche Qualitäten Ihrer Kultur und Religion sind es, die jetzt ihre Identität behaupten, trotz der Exilsituation?

Dalai Lama: Eigentlich ist das nur den Chinesen zu verdanken. Dadurch, daß sie eine solche Unterdrückung ausgeübt haben, ist diese Reaktion entstanden. Man hat das gleiche Phänomen ja auch immer wieder bei den Juden gesehen. Wenn von außen eine besondere Feindschaft entgegengebracht wird, halten sie mehr zusammen als sonst.

Dennoch haben wir schon viele Kulturen erlebt, die auf diese Weise ausgelöscht worden sind. Denken wir nur an die Indianer. Es gibt etwas in Ihrer Religion, das zum Beispiel jemanden wie Sie befähigt, genügsam zu sein und in sehr bescheidenen Verhältnissen existieren zu können, ohne Reichtum um die Welt zu reisen. Das hat doch etwas mit der Religion zu tun, oder nicht?

Dalai Lama: Das ist sicher richtig. Einerseits erlaubt das Wissen des Buddhismus, Schwierigkeiten zu überdauern, zu akzeptieren und zu ertragen, ohne dabei den Mut zu verlieren; andererseits stärkt das buddhistische Wissen den Menschen gleichzeitig darin, hoffnungsvoll zu bleiben und weiter seine Ziele entschlossen zu verfolgen.

Hier liegt mein persönliches Anliegen für diese Frage: Ich bin kein Tibeter, trotzdem fühle ich mich in meinem eigenen Land bedroht. Nicht so sehr durch eine fremde Macht, sondern durch die Entwicklung unserer Zivilisation. Wir sitzen hier unter einem Himmel, in dessen Luft Radioaktivität ist. Wir essen Nahrung, die zum Teil vergiftet ist, wir haben große Angst um unsere eigene Existenz. Vielleicht können Sie das aus Ihrer Situation nachempfinden? Sind es denn dieselben moralischen und geistigen Fähigkeiten, mit denen auch wir uns hier für die Zukunft offen halten können?

Dalai Lama: Wenn man eine Gefahr sieht, Angst bekommt und dann ungeduldig wird und aus Angst handelt, ist das ein Versagen. Wenn man ebenfalls aus Angst das Gefühl hat: das kann ich nicht, das kann ich nicht tun, und pessimistisch wird, dann ist das ebenfalls eines der größten Versagen, die ein Mensch erleben kann. Wenn man dagegen Dinge akzeptieren kann, sie einfach einmal annehmen kann, wie sie sind, den Mut nicht verliert, vielmehr überlegt und bedacht seine Ziele weiter anstrebt, dann hat man die größten Aussichten, diese Ziele zu erreichen; es ist die einzige Möglichkeit, wirklich zum Ziel zu gelangen. Wenn es trotz dieser Anstrengungen nicht möglich ist, zum Ziel zu kommen, so gibt es wenigstens nichts zu bereuen.

Vielleicht ist man im Westen etwas verdorben worden dadurch, daß man so viele Annehmlichkeiten durch Automatisierung und Technik hat, daß man, sobald etwas nicht richtig läuft, ungeduldig wird.

Heißt das Passivität, nur Innerlichkeit, oder heißt es dennoch, man muß sich wehren? Wo liegt da die Grenze?

Dalai Lama: Passiv zu sein ist sicherlich nicht die richtige Antwort. Es ist immer ein Fehler, wenn man Dinge einfach passiv vergehen oder über sich ergehen läßt. Der Mensch hat ja die besondere Fähigkeit, kreativ zu sein, neue Gedanken, neue Ideen zu haben; einfach passiv zu sein, wäre ein Nicht-Benützen der vollen Fähigkeiten des Menschen. Es ist vielmehr notwendig, die Dinge zu akzeptieren, die Situation zu beobachten und zu erkennen und dann bedacht und aktiv auf eine Veränderung hinzuwirken. Wenn Sie von »sich wehren« sprechen, dann ist das etwas Kritisches, wo man sich von Fall zu Fall Gedanken machen muß, was angebracht ist und was nicht.

Sie wissen von Ihren Reisen, welche Fülle von Problemen wir hier im Westen haben. Man könnte sein ganzes Leben damit verbringen, nur Probleme zu lösen; da man aber nur ein bestimmtes Quantum an Energie besitzt als Individuum, stellt sich die Frage: wie soll man dieses am sinnvollsten einsetzen? Welche Fähigkeiten soll man entwickeln? Wo ist das größte Defizit, das Sie hier sehen?

Dalai Lama: Wenn man die Antwort von der Gedankenwelt des Buddhismus aus gibt, ist es selbstverständlich, daß das Leben mit Problemen gepflastert ist, und daß das Menschenleben überhaupt Leiden bedeutet und von seiner Natur her mit endlos vielen Problemen behaftet sein muß.

Wenn man das erkennt und einfach sagt: Dann ist ja nichts zu machen, vollständig passiv weiter vegetiert, dann wird sich für den Menschen sicher keine positive Veränderung ergeben. Das ist aber auch nicht die eigentlich menschliche Reaktion; vielmehr reagiert der Mensch so, daß er sich von Tag zu Tag anstrengt und versucht, mit dem Leben fertig zu werden.

Viele Menschen sind von Resignation befallen und fühlen sich ohnmächtig als einzelnes Individuum. Was kann ich noch tun, was kann ich mit meinen Kindern tun? Wie kriege ich wieder Lebensmut? Sie sind für mich ein lebendes Beispiel, wie man in einer unterdrückten Situation strahlt, glücklich ist und sein Leben genießt, trotz aller Schwierigkeiten. Wie machen Sie das?

Dalai Lama: Ich bin überzeugt, daß der Mensch die Fähigkeit hat, glücklich zu sein. Es gibt einen sehr alten und wertvollen Ratschlag, und der heißt: wenn du mit einem Problem konfrontiert bist, gibt es die Möglichkeit, das Problem zu lösen; dann brauchst du dir keine Sorgen zu machen. Wenn es keine Lösungsmöglichkeit gibt, nützen dir deine Sorgen auch nichts.

Wenn wir von Glück reden, meinen wir, dazu eine Wohnung zu brauchen, einen Beruf, Arbeit, Geld, Wohlstand. Alle diese materiellen Dinge gehören bei uns zum Glücklichsein. Und wenn wir das alles haben, sind wir dennoch nicht glücklich.

Dalai Lama: Wenn man in seiner ganzen Anschauung vollständig auf die äußere Welt ausgerichtet ist, dann ist das ungenügend, und der Fehler dürfte darin liegen. Wird man mit einem Problem konfrontiert und geht ganz nah heran, so erscheint es riesengroß, selbst wenn es nur ein ganz kleines Problem ist. Auch das ist ein Fehler. Würde man es von einiger Distanz aus betrachten, so sähe es schon wesentlich kleiner aus.
Ich spreche immer wieder von der Notwendigkeit, daß man ein Gefühl der universellen Verantwortung entwickelt. Wenn man solch' einen weiten Ausblick hat, dann werden die vielen kleinen Probleme, mit denen man konfrontiert ist, auch wirklich klein.

Ich bin überzeugt davon und wende es auch persönlich an: wenn man selbst glücklich werden will, muß man die anderen glücklich machen. Was wir uns wünschen, sind Freunde, was wir uns nicht wünschen, sind Feinde. Ob wir jemanden zum Freund oder zum Feind machen, das haben wir in der Hand. Wir haben diese Möglichkeit, nur nutzen wir sie nicht.

Sie haben öfter gesagt, es sei nicht wichtig, an welche Religion man glaubt und ob man überhaupt an eine Religion glaubt, wichtig sei nur die Herzenswärme. Welche Bestandteile des Buddhismus sind für uns dennoch wichtig? Welche Lehren des Buddhismus mit seinem Fundus aus über 2000 Jahren können uns im Westen den Weg zu dieser Herzenswärme zeigen?

Dalai Lama: Es gibt sicher eine Technik im Buddhismus, die speziell darauf abzielt, diese Zuneigung zu den anderen zu entwickeln. Aber diese Technik ist wiederum eng mit der Philosophie des Buddhismus verbunden.
Meine persönliche Auffassung ist die, daß die Welt heute sehr klein geworden ist. Durch die vielen technischen Möglichkeiten sind die Beziehungen und Verbindungen sehr eng geworden. Aber das hat auch dazu geführt, daß alles, was auf dieser Welt geschieht, sich auf die ganze Welt auswirkt.
Hat man diese Wirklichkeit einmal verstanden, so wird man seinen spontan egoistischen Charakter klüger einsetzen. Das ist auch meine eigene Technik. Ich bin aus tiefstem Herzen freundlich zu den Menschen und respektiere den anderen. Der eigentliche Grund dafür ist der, daß ich selbst auch glücklich sein will. Das nenne ich klugen Egoismus.

Ich habe in Ladakh viele glückliche Menschen getroffen. Beruht das darauf, daß die Menschen an Reinkarnation und Karma glauben, Lebenseinstellungen, die uns im Westen fehlen, oder meinen Sie, das seien sekundäre Glaubensgrundsätze und wir könnten einen eigenen Weg für uns finden?

Dalai Lama: Das hängt vom einzelnen ab. Denn jede Person, jeder Mensch hat seine besonderen Neigungen, seine besonderen geistigen Fähigkeiten. Von diesen hängt das ab.

Was ist Ihre Mission? Sie reisen sehr viel um die Welt, wofür sind Sie unterwegs?

Dalai Lama: Die Situation der Welt ist heutzutage so, daß das Wohlergehen der Menschheit ein allgemeines Anliegen geworden ist, weil die Verbindungen innerhalb der Menschheit so eng geworden sind, daß wir die Bevölkerung der Erde als eine gemeinsame Gesellschaft betrachten müssen. Wenn wir Leid erfahren, hat das Auswirkungen auf die ganze Menschheit, ebenso die großen Katastrophen. Es ist meine persönliche Überzeugung, daß wir eine bleibende und wirksame Verbesserung unseres Wohlergehens auf diesem Planeten erreichen können, wenn wir wirkliches Verständnis und Zuneigung für den anderen entwickeln. Das ist das Ziel meiner vielen Reisen. Ich möchte das mit einem Beispiel deutlich machen: wenn eine Person krank und schwach ist, dann hilft es nicht, die eine oder andere Wunde zu heilen. Vielmehr muß man die Person erst wieder zu Kräften bringen. Ähnlich ist es mit der Menschheit. Sie muß verstehen, daß sie ein Körper ist, der als ganzer Körper gesund werden, zu einer gewissen Stärke kommen muß. Das einzige, was dies ermöglicht, ist, uns bewußt zu werden, daß wir auf dieser Erde Brüder und Schwestern sind. Dieses Verständnis zu entwickeln und zu einer besseren Beziehung untereinander zu kommen, ist der Grund und das Ziel meiner Reisen.

Wenn Sie uns besuchen, schreiben die Zeitungen, es komme ein Gott in Menschengestalt. Für das Christentum ist dies eine unbegreifliche Behauptung. Unser Gott ist transzendental und kann nicht leibhaftig sein. Wie können Sie sich das erklären?

Dalai Lama: Das ist nur eine Benennung, die man mir gegeben hat, weil man nicht weiß, was ich wirklich bin. Wenn man einer Sache aus Unwissenheit einen Namen gibt, gibt es keinen Grund, darüber besonders viele Erklärungen abzugeben.

Sie selbst sagen aber von sich, daß Sie eine Reinkarnation sind.

Dalai Lama: Das ist ja auch richtig.

Was können wir uns darunter vorstellen?

Dalai Lama: Man muß zuerst ein Verständnis von früheren und späteren Existenzen haben. Wenn der Buddhismus darlegen soll, oder einen logischen Beweis für frühere oder spätere Existenzen geben soll, so dient als Grundlage dafür die Natur des Geistes und dabei in erster Linie die substanzielle Ursache des Geistes. Diese wird betrachtet, um einen Zusammenhang zwischen früheren und späteren Existenzen deutlich zu machen.

Die Substanz des Geistes kann nur aus dem Geist selbst abgeleitet werden, d. h., für die Ursache des Geistes findet man nur einen vorhergehenden Moment des Geistes. Auf diese Weise kann man eine Kette von Ursachen in die Vergangenheit zurückverfolgen. Die Ursache für den Geist im Moment der Geburt ist der Moment vor der Geburt, und die Ursache für den Geist im Moment der Empfängnis ist der Moment vor der Empfängnis. Auf diese Weise hat man eine Koninuität, die über den ersten Moment des Lebens in die Vergangenheit hinausgeht ohne einen Bruch des Geistes. Ebenso stellt auch der Tod und Zerfall des Leibes keinen Bruch für die Kontinuität des Geistes dar. Der Buddhismus spricht von dem anfanglosen und endlosen Geist. Das Sonnensystem z. B. hat wohl, wie alle Materie, einen Anfang und ein Ende, aber der Geist nicht.

Ist dieser Geist auch die Grundlage für alle Motivationen, für Gut und Böse, die Richtschnur und die Orientierung für das Handeln?

Dalai Lama: Das ist ein Teil des Geistes. Es gibt sehr viel verschiedene Zustände des Geistes und verschiedene Unterteilungen und Klassifizierungen der unterschiedlichen Eigenschaften des Geistes. Im gegenwärtigen Moment verwenden wir z. B. den Sehsinn, Gehörsinn und Denksinn. Alle diese Sinne sind Teil dessen, was wir Geist nennen.

Haben Sie das Gefühl, daß auch wir im Westen einen Zugang zu diesem Verständnis des Geistes haben?

Dalai Lama: Ich glaube doch. Wenn uns im Westen jemand eine klare Darlegung der Funktionsweise des Geistes und seiner Faktoren gibt, können wir verstehen, was damit gemeint ist. Wir sagen doch zum Beispiel: ich weiß das; ich habe das verstanden; ich erkenne das; ich erfasse das. – Das heißt doch, daß etwas in uns, das Wissende, das Verstehende, ein Instrument, ein Werkzeug unseres Geistes ist, mit dem wir ständig zu tun haben und es benützen. Ich glaube, daß man damit entsprechende Veränderungen in seinem Gehirn auslösen kann und auf diese Weise zu einem klaren Verständnis des Geistes gelangen kann.

Wir haben in Europa die atomare Katastrophe von Tschernobyl erlebt. Wir erleben andere Entwicklungen, die uns Menschen Angst machen, und wir fragen uns: wo gibt es den Geist, wo gibt es die Orientierung, die unserer Wissenschaft, unserer Technologie eine klare Linie geben kann, daß solche Unfälle nicht riskiert werden?

Dalai Lama: Es gibt zweifellos Dinge, deren Auswirkungen man bei der Untersuchung, bei der Erforschung nicht ermessen kann. Aber wohin etwas führt, wofür etwas verwendet wird, hängt eindeutig von der Motivation, von der Einstellung des Verwenders ab. Es ist wichtig, bei der Verwendung nicht nur gegenwärtige kleine Ziele in Betracht zu ziehen, sondern seinen Ausblick auf eine weite lange Zeit in die Zukunft zu richten und auch umfassende Wirkungen auf die Erde mitzubetrachten, um wirklich entscheiden zu können, was man sinnvollerweise anwendet, wohin man sinnvollerweise geht.
Wenn die Wissenschaftler sich mit der äußeren Materie beschäftigen, dann tun sie das doch nicht, um sich abzulenken, es ist auch nicht das Spiel kleiner Kinder. Sondern das Ziel all dieser Anstrengungen der Wissenschaft ist es doch, etwas zu erfahren, zu erkennen, das man für das Wohl der Menschheit anwenden kann. Wenn man nun dieses Wissen, das man erlangt hat, verwendet, um Dinge zu tun, die dem Menschen einen großen Schaden zufügen, dann ist doch das eigentliche Ziel der Bemühungen vollständig entgleist. Es wird zum genauen Gegenteil. Das ist auf keine Weise sinnvoll.

Unsere Wissenschaft steht auf dem Standpunkt – wie es einer unserer größten Physiker und Philosophen formuliert – sie sei dazu da, ein gutes Instrumentarium zu entwickeln und damit zu operieren. Aber sie sei nicht der Fahrer für das Gefährt. Wohin die Reise gehen soll, liege nicht in ihrer Macht, das hätten andere zu bestimmen. Die Frage ist, wie läßt sich die Neugierde, der wissenschaftliche Trieb des Menschen, mit der Orientierung auf ein positives Ziel verbinden? Bietet der Buddhismus dafür eine Klammer, eine Brücke?

Dalai Lama: Ich glaube, daß hier eine deutliche Unterscheidung oder eine deutliche Änderung erzielt werden kann, wenn man sich bewußt ist, daß jede wissenschaftliche Untersuchung von allem Anfang an eindeutig mit dem Ziel betrieben werden muß, das Wohlergehen der Menschen zu verbessern und zu erweitern. Wenn eine solche grundlegende Motivation vorhanden ist, dann gehen zweifellos die Resultate in eine bessere Richtung. Ob eine solche Einstellung im Wissenschaftler vorhanden ist oder nicht, ist lediglich eine Frage der Gewöhnung. Hat man einmal diese Notwendigkeit erkannt, gewöhnt man sich daran, daß dies die Grundlage aller Bemühungen ist. Was zweifellos eine große Gefahr bedeutet, ist, lediglich aus Neugierde zu forschen, ohne die Beziehung zu den Werten und Notwendigkeiten des Menschen hergestellt zu haben. Ich glaube, daß da auch ein essentieller Punkt in unserem Erziehungssystem liegt.

Es ist nicht eine Angelegenheit, die man erreichen kann, indem man ein paar Medikamente zu sich nimmt. Es ist so, wie wenn ich von Geist spreche, dann hatten Sie Mühe zu verstehen, was damit genau gemeint ist. Als Sie von Gott sprachen, hatte ich Mühe, was Sie genau meinen. Der Grund ist der, daß wir diese Begriffe nicht verstanden haben, der Geist die Gewöhnung an ein solches Denken noch nicht erfahren hat.

S. H. der 14. Dalai Lama.

Glauben Sie, daß auch wir im Westen uns an ein solches Denken gewöhnen können?

Dalai Lama: Natürlich kann der Geist gewöhnt werden, in einer heilsamen und positiven Richtung zu denken. Es ist nur eine Frage, ob man sich dafür interessiert und damit beschäftigt oder nicht. Die Voraussetzungen sind genau die gleichen. Hier im Westen sind die Menschen genauso wie im Osten. Auch unsere Gehirne sind die gleichen. Ihr im Westen strebt nach Wohlbehagen und möchtet Leid vermeiden wie auch die Menschen im Osten. Wenn wir von Leid und Wohlbehagen sprechen, sind das Empfindungen. Empfinden ist eine Aktivität des Geistes. Ob nun die Nasen ein bißchen anders sind oder die Augen ein bißchen anders geformt sind, das ist wirklich kein Unterschied.

Warum fällt uns die geistige Umstellung so schwer?

Dalai Lama: Das liegt wahrscheinlich daran, daß wir unseren Geist praktisch nur dazu verwenden, um ihn nach außen zu richten, um äußere Phänomene zu untersuchen. Wenn wir manchmal das Gegenteil tun, das heißt, wenn wir müde sind, entspannen wir uns und denken an nichts Besonderes. Wir sind entspannt und ruhig, und es sind keine weiteren Gedanken in uns, die uns besonders beschäftigen. Wenn wir in einem solchen Moment nun unsere Fähigkeit zu untersuchen und zu beobachten dazu verwenden, diesen inneren Geist zu beobachten, was für Empfindungen in uns auftreten, Empfindungen des Wohlbehagens, Empfindungen des Unbehagens, indem wir auch beobachten, was für ein Strom von endlosen Gedanken in uns auftritt, dann können wir doch zweifellos eine Erfahrung mit diesem Geist sammeln und feststellen, wie er funktioniert und was alles in ihm vorhanden ist.

Wenn man zum Beispiel sehr krank oder überarbeitet ist, gibt einem der Arzt den Ratschlag, sich zu entspannen und auszuruhen. Der Ratschlag, den einem der Arzt gibt, ist doch wahrscheinlich nicht nur der, die Zellen des Körpers zu entspannen, sondern vielmehr auch den Geist zu entspannen. Und man merkt doch, wenn man sich zurückzieht und ruhigeren Beschäftigungen nachgeht, die einen nicht sehr herausfordern, daß man eine Beruhigung und Entspannung erfährt. Das ist doch sicher eine Wirkung, die den Geist mit einbezieht, oder nicht? Wenn man sich zum Beispiel in einer Umgebung aufhält, die sehr angenehm, sehr friedlich ist, aber man selbst ist bedrückt, traurig und mißmutig, dann nützt die ganze äußere Umgebung nichts, um diesen Mißmut vergehen zu lassen. Wenn man dagegen innerlich fröhlich und ausgeglichen ist, dann kann auch die Umgebung um einen sehr boshaft und sehr feindlich gestimmt sein, aber dennoch wird man diese feindliche Stimmung oder Umgebung überdauern können, ohne daß der Geist in Traurigkeit verfällt, ohne daß er seinen Mut verliert. Man sieht also, daß etwas im Menschen ist, das die Art, wie die Umgebung erfahren wird, die Art, wie man mit der Umgebung zurechtkommt, von innen heraus eindeutig dominiert wird.

Sie sollten uns noch öfter besuchen, weil diese Art von innerer Erforschung seiner selbst und den inneren Frieden zu finden, etwas ist, was über alle religiöse Grenzen hinweg wir von Ihnen und aus Ihrer Welt lernen können.

Dalai Lama: Eines möchte ich noch sagen: Ich bin ein Tibeter, ich bin ein buddhistischer Mönch, aber das allerwichtigste ist: Ich bin ein Mensch. Wenn ich sage, ich bin ein Mensch, dann will ich mich mit anderen Menschen treffen, weil es angenehm ist, sich mit anderen zu unterhalten und fröhlich zu sein.

Glossar

Amchi: Tibetischer Naturarzt.

Banday: Novize. Erste Stufe nach Eintritt ins Kloster.

Bardo: Der Begriff des Bardo bezeichnet verschiedene Seins-Zustände in unserer Existenz. Die tantrischen Schriften behandeln sechs dieser Bardos, wobei drei dem Leben von der Geburt bis zum körperlichen Tode eines Wesens zugehören, die anderen dem Prozeß des Sterbens bis zu einer erneuten Wiedergeburt.

Be-da: Angehörige der Schicht der »Niedrigen«, umherziehende Musikanten.

Chang: Tibetisches Gersten-Bier, im Geschmack ähnlich unserem Most.

Chörten: Tibetisch für → *Stupa.*

Dalai Lama: Wörtl.: »Lehrer, dessen Weisheit so groß wie der Ozean ist«. Dieser Ehrentitel wurde 1578 von dem Mongolenfürsten Altan Khan an das dritte Oberhaupt der Gelugpa-Schule verliehen. Seit dem 5. Dalai Lama (1617–1682) bis zu dem heutigen 14. Dalai Lama ist in seiner Person des Dalai Lama die für das tibetische Volk verbindliche spirituelle und politische Autorität vereint.

Die drei Juwelen: Mit dem Begriff der 3 Juwelen wird die Trinität von Buddha, Dharma und Sangha beschrieben. Buddha stellt darin sowohl den verwirklichten Shakyamuni Buddha dar, wie auch die Buddha-Natur generell, die jedem Wesen innewohnt. Dharma bezeichnet die Lehre, die den Weg beschreibt, der zu der Erfahrung der Buddha-Natur führt. Sangha steht für die Gemeinschaft all derer, die diesen Weg beschreiten und durch ihr Wirken anderen Wesen in ihrer Entwicklung helfen können. Zu diesen Drei Juwelen nimmt der Buddhist Zuflucht bis zu seiner vollständigen Erleuchtung.

Gebetsmühlen: Drehbare Zylinder verschiedenster Größe, die im Innern Papierstreifen mit heiligen Texten enthalten, vornehmlich mit der heiligen Formel *Om Mani Peme Hung.* Dem Gebrauch von *Gebetsmühlen* liegt der tibetische Glaube an die selbstwirkende Macht des Wortes zugrunde.

Gelong: Voll ordinierter Mönch, der gelobt hat, alle 253 Regeln zu halten.

Geshe: Titel in der monastischen Laufbahn, entsprechend einem Doktortitel. Er wird nach mindestens zwölfjähriger Ausbildung in einer öffentlichen Prüfung in der Kunst tibetischer Disputation erworben.

Getsul: Nicht voll ordinierter Mönch. Für ihn gelten 36 Regeln.

Gompa: Tibetisches Kloster, im engeren Sinn auch der Andachtsraum in einem Kloster.

Kanjur: Sammlung der kanonischen Schriften des tibetischen Buddhismus. Der *Kanjur* umfaßt 108 Bände à 1000 Seiten. Es sind die »Übersetzungen der Worte Buddhas« aus dem Sanskrit ins Tibetische, die im 13. Jahrhundert erfolgten.

K'enpo: Höchste Stufe der monastischen Laufbahn, vergleichbar dem Professor. Abt von einem oder mehreren Klöstern.

Lama: Wörtl.: »Höherstehender«. Religiöser Meister, dem vom Schüler Verehrung entgegengebracht wird, weil er die buddhistische Lehre verkörpert. Die Ausbildung eines Lama umfaßt jahrelanges Studium und die Ableistung der dreijährigen → *Losum-Chosum-Meditation*. Es ist also nicht jeder Mönch ein Lama.

Lhamo: Tibetisches Orakel.

Losum-Chosum-Meditation: Zurückgezogenheit für die Dauer von 3 Jahren, 3 Monaten, 3 Wochen und 3 Tagen zum Zwecke des Studiums und der Meditation.

Mala: Kette mit 108 Perlen, die u. a. bei der Rezitation von → *Mantras* gebraucht wird.

Mandala: Mandalas sind zumeist bildhafte Darstellungen innerer Prozesse. Sie werden häufig auf Thankas gemalt, jedoch bei großen, wichtigen tantrischen Zeremonien und Festen auch mit feinsten Sand, Edelsteine u. a. aufgezeichnet.

Mantra: Mantren bestehen aus einer Aneinanderreihung von Silben, deren Bedeutung mehr in ihrer Klangschwingung als in rationaler Sinnhaftigkeit liegen. Durch die fließende Rezitation eines Mantras sollen störende Gedanken und Gefühle positiv umgewandelt, der Geist beruhigt und die Verschmelzung mit dem jeweiligen Erleuchtungsaspekt möglich werden.

Manistein: Mani wörtl: »Kostbarstes Juwel«. Ein Stein, in den die heiligen Silben *Om Mani Peme Hung* eingemeißelt sind. Diese Silben offenbaren und verwirklichen die Macht der Barmherzigkeit. *Manisteine* werden zu *Manimauern* aufgeschichtet, die kilometerlang sein können.

Mgar-ba: Eisenschmiede. Angehörige der Schicht der »Niedrigen«.

Mokading: Magisches Ritual, durch das ein Mann eine Frau bewegen kann, in ein sexuelles Verhältnis einzuwilligen.

Mon: Ureinwohner Ladakhs, aus den südlichen Gegenden des Himalaja eingewandert. Heute Angehörige der Schicht der »Niedrigen«.

Mudra: Rituelle Gesten, durch die verschiedene geistige Inhalte ausgedrückt werden.

Perak: Wertvoller Kopfschmuck ladakhischer Frauen, der von der Mutter an die Tochter vererbt wird. Ein mit Türkisen (*per* = Türkis) und anderen Edelsteinen besetzter Lederstreifen, der von der Stirn bis über die Taille reicht.

Polyandrie: Ehegemeinschaft einer Frau mit mehreren Männern, meist Brüdern.

Polygamie: Ehegemeinschaft eines Mannes mit mehreren Frauen.

Puja: Zeremonie, Rezitieren von heiligen Texten und → *Mantras*, die Anrufung und Visualisierung von Gottheiten, sowie rituelle Darbietungen von Opfergaben.

Rigs-nan: Die Schicht der »Niedrigen«. Sie setzt sich aus drei Gruppen zusammen, den → *mgar-ba*, den →*mon* und den *beda*.

Rinpoche: Wörtl.: »Außerordentlich Kostbarer«. Ehrentitel für einen reinkarnierten → *Lama* auf der höchsten Stufe der monastischen Laufbahn. →*Tulku*.

Stupa: Religiöses Bauwerk des Buddhismus, das in der tibetischen Kultur *Chörten* heißt. Ursprünglich war der *Stupa* ein Grabmal von Heiligen. Im Inneren werden Reliquien, heilige Texte, Bildwerke u. ä. verwahrt, die dem *Stupa* seine sakrale Substanz verleihen. *Stupas* sind Hilfsmittel zur Meditation und symbolisieren die 13 Stufen des Weges zur Erleuchtung.

Tanjur: Lehrbücher und Kommentare zum → *Kanjur*, 225 Bände, verfaßt zwischen dem 7. und 14. Jahrhundert.

Thanka: Tibetische Rollbilder mit der Darstellung von Buddhas, Bodhisattvas, Dakinis, Mandalas und anderen Meditationsobjekten. Sie dienen dem Praktizierenden vor allem als Visualisierunghilfe durch ihre detailgetreue Wiedergabe der jeweiligen Inhalte.

Torma: Kultfiguren aus Teig, die als Opfergaben verwendet werden.

Tsampa: Teig oder Brei aus Gerstenmehl, das Hauptnahrungsmittel der Ladakhis.

Tulku: Bezeichnung einer Person, die durch bestimmte Prüfungen als Wiedergeburt einer zuvor verstorbenen Persönlichkeit erkannt wird.

Vajra: Tibetisch: *Dorje*, »Diamant«, Symbol für die Wahre-Wirklichkeit, die Leere, *Shunyata*. Die, ursprünglich als Blitzstrahl oder Donnerkeil *(Vajra)* dem hinduistischen Gott Indra zugeordnete Waffe, verlieh dem tantrischen Buddhismus seinen Namen: *Vajrayana*.

Der Autor.

Über den Autor

Clemens Kuby kommt 1947 als der mittlere Sohn von fünf Kindern des Journalisten Erich Kuby und seiner Frau Edith, geb. Schumacher, am Ammersee in Oberbayern auf die Welt.

Mit 13 Jahren geht er in die Odenwaldschule, ein Internat in Hessen, wo er '67 das Abitur macht. Ein Studium quer durch die Fächer Geschichte, Soziologie, Jura, Volkswirtschaft und Psychologie ist Hintergrund für sein starkes Engagement in der Studentenbewegung in Westberlin. Ab Winter '69 durchläuft er die dreijährige Ausbildung zum Filmregisseur an der Deutschen Film- und Fernsehakademie Berlin.

1972 gewinnt er mit seinem Debutfilm »Lehrlinge« den ersten Preis bei den Internationalen Filmfestspielen in Oberhausen. Vielversprechende Filmangebote schlägt er im Sinne der damals herrschenden linken Verpflichtung zur Proletarisierung aus. Kuby beginnt eine Filmarbeit im Hamburger Hafen und entschließt sich, als Konsequenz dieser Erfahrung, zum Maschinenschlosser ausbilden zu lassen. Anschließend arbeitet er auf einer Hamburger Werft.

Als man ihn dort einen Tag vor seiner Festeinstellung entläßt, entsteht ein Orientierungsvakuum, aus dem ihn Ende 1973 das Angebot befreit, einen Film über die biologisch-dynamische Landwirtschaft zu machen. Diese Arbeit ist für Kuby, auch privat, der Einstieg in eine ökologische Orientierung. '74 zieht er aufs Land, nach Hohenlohe, und gründet die

»Grüne Hilfe«, um ab '79 am Aufbau der Partei »Die Grünen« mitzuwirken.

Filmisch betätigt er sich drei Jahre als Regisseur und Produktionsleiter für das erste deutsche lokale Video-Fernsehen (LTV) in Solingen. Nebenbei betreibt er seine eigene Dorfkneipe, sporadisch sogar mit selbstproduziertem Videoprogramm.

Ab 1982 beginnt Kuby, mit eigenen Filmbeiträgen, für die ARD zu arbeiten. 1983 dreht er den 90-Minuten-Film »Schnappschuß« mit den Gruppen des Theaterfestivals in München. Im selben Jahr wird er Dozent für Video an der Fachhochschule München. 1985 folgt der Film »DAS ALTE LADAKH«, für den er 1987 den Deutschen Filmpreis bekommt.

Mit seiner Frau Rosemary Kaye und zwei Kindern lebt Kuby heute in Garching bei München.

Spirituelles
Erwachen

Darshan Singh
Spirituelles Erwachen
11809

Herman Weidelener
Die Götter in uns
11802

Eugene G. Jussek
Begegnung mit dem
Weisen in uns   11765

Dalai Lama
Ausgewählte Texte
11803

Herman Weidelener
Abendländische
Meditationen   11782

Satprem
Der Mensch hinter
dem Menschen   11754

GOLDMANN

WELTRELIGIONEN

DER KORAN
DAS HEILIGE
BUCH
DES ISLAM

GOLDMANN

8613

BUDDHA
DIE LEHRE DES
ERHABENEN

GOLDMANN

8647

DER TALMUD

GOLDMANN

8665

R. C. ZAEHNER
DER
HINDUISMUS
SEINE
GESCHICHTE
UND SEINE
LEHRE

GOLDMANN

8629

GOLDMANN